Edwin Kaufmann

GPS • Karte und Kompass

Biel
Bern
Pirport
Thun
Delsperg
Solothurn
Laufen
Basel
Balstal
Dornach
wall burg
Hawẽ stein
Augst
Emmetal
Willisow
8 Urban
Zofingẽ
Arburg
Liechstal
Olten
Rynfeldẽ
Nümpf
Araw
Sempach
Sur see
Lentzpurg
Seckingẽ
Münster
Laufenberg
Rüs fl.
Mellingẽ
Brug
Ab fl.
Bremgartẽ
Schweitz
Zug
Baden
Zurzach
Schlicht fl.
Döngen
Ein sideln
Zürch
Kaiser stul
meilen
Rappswyl
Eglisow
Kyburg
Töß fl.
Rinow
Thur gow
Winterthur
Landẽberg
Murg fl.
Schafhausen
Hegow
Wesen
Diessen hofen
Frawẽfeld
Twiel
Hewẽ
Weil
Engẽ
Stein
Steckborn
Ach
Glat fl.
Stockẽ
Richow
Cell
Pfullndorf
Costentz
Komis horn
S. Gal
Arben
Vberlingẽ
Salmanßweil
Röschach
Rineck
Imenstad

Edwin Kaufmann

GPS Karte und Kompass

für Wandern,
Sport,
Orientierungslauf

Ott Verlag Thun

2. Umschlagseite:

Abb. 1: Landeskarte der Schweiz 1:25'000, Bundesamt für Landestopographie, Ausschnitt aus Blatt 1287 Sierre. Vergleichen Sie dazu die Abb. 6 und 7: Luftbild und Ansichtsfoto dieses Kartenausschnittes.

Abb. 2: Topografische Karte von Deutschland 1:50'000, Landesvermessungsamt Baden-Württemberg, Ausschnitt aus Blatt L 8114 Titisee-Neustadt. Ausgabe mit Wanderwegen und Radwanderwegen.

Seite 1 und 2:

Abb. 3: Vermesser mit Zirkel und Quadrant aus dem 16. Jh. ...

Abb. 4: ... und das Produkt: Sebastian Münster, Holzschnitt, 1544.

Hinweis: 3. Umschlagseite Österreichische Karte und OL-Karte.

Die Kartenausschnitte wurden mit Bewilligung
der nachstehenden Amtsstellen reproduziert:

Bundesamt für Landestopographie, CH-3084 Wabern,
Bewilligung vom 10. 1. 1995

Landesvermessungsamt Baden-Württemberg, D-7014 Stuttgart,
Topogr. Karte 1:50000, Ausschnitt aus Blatt L8114,
Bewilligung vom 10. 1. 1995 unter Az.: 5.13/1160

Bundesamt für Eich- und Vermessungswesen (Landesaufnahme),
A-1080 Wien, Zl. L. 70015/95, Bewilligung vom 23. 1. 1995

Alle Zeichnungen und Fotos (ausser Geräte und Luftbild) vom Verfasser.

ISBN 3-7225-6493-X

Printed in Switzerland
Gesamtherstellung: Ott Verlag+Druck AG
Thun/Schweiz

Inhalt

Global Positioning System GPS

Abb. 5: Kompass-Windrose aus der Zeit der grossen Segelschiffe.

Einleitung

Karte und Kompass als Helfer

Orientierung, ein natürliches Bedürfnis. Wer irgendwo unterwegs eine Landkarte benützt, wird erleben, wie sich sogleich andere ebenfalls dafür interessieren. Da zeigt sich das starke Bedürfnis nach Orientierung. Sich orientieren heisst auch, seinen eigenen Standort in Beziehung zu seinem Umkreis finden. Gilt das nicht allgemein im Leben? Mit Karte und Kompass üben wir auf objektivem Felde gerade das, was im Leben oft so schwierig ist.

Beziehung zur Landschaft. Wir sind unabhängiger und haben mehr vom Wandern und Reisen, wenn wir uns selbst orientieren und uns nicht mehr oder weniger passiv durch die Gegend führen lassen. Wenn wir auf der Karte den Weg zuweilen etwas über unseren Horizont hinaus verfolgen, bekommen wir eine Beziehung zur Landschaft, die über den flüchtigen Augenblick hinausreicht.

Er-fahrung. Das Wort Er-fahrung kommt von den früheren Wandersleuten, die – zwar zu Fuss – auf «Fahrt» gingen –, um fremde Länder und Sitten zu erfahren. In unserer reisefreudigen Zeit haben wir viel mehr Gelegenheiten, uns vertieft mit der Welt auseinanderzusetzen. Nutzen wir sie zu bleibenden Erfahrungsschätzen.

Überblick. Das chinesische Sprichwort *«Steigst Du nicht auf die Berge, so siehst Du auch nicht in die Ferne.»* könnten wir auch so verstehen: «Benützest Du nie eine Landkarte, so hast Du auch keinen Überblick!»

GPS das Satelliten gestützte Orientierungssystem eröffnet zusammen mit PC und elektronischen Karten auf CD-ROM neue Möglichkeiten. Aber die herkömmlichen Mittel haben deshalb nicht ausgedient.

Zum Gebrauch des Buches. Dieses Buch ist thematisch übersichtlich gegliedert. Es eignet sich als Leitfaden für «learning by doing». Das systematische Inhaltsverzeichnis dient als Wegweiser. Kartenwerke des *deutschsprachigen Raumes* sind besonders berücksichtigt.

Lernen Sie beim Umgang mit Karte, GPS und Kompass im Gelände nicht nur die Natur, sondern auch sich selber von einer neuen Seite kennen... Dazu: *«Gute Reise!»*

Abb. 6: Luftbild des Kartenausschnitts von Abb. 1 im Umschlag. Das Bild ist aus mehreren übereinandergreifenden Aufnahmen zusammengefügt = Mosaikbild. Es diente als Vorlage für die Karte. Alle Distanzen sind im gleichen Massstab verkleinert. Im Vergleich mit der Karte sind die Strassen und Wasserläufe sehr auffallend.

Zur Neuauflage

Da die Auflagen kurz hintereinander folgen kann dieses Taschenbuch der raschen Entwicklung ständig neu angepasst werden. Das Kapitel über die Satelliten gestützten Navigationsmittel GPS ist in dieser 4. Auflage ganz neu geschrieben worden. Es enthält detaillierte Anleitungen zum Gebrauch sowie Kaufsempfehlungen. Doch auch die modernste Elektronik verlangt gründliches Kartenverständnis. Dazu bewährt sich dieses Buch weiterhin sehr gut. Die Erklärungen sind zwar fundiert aber doch immer klar, leicht zu begreifen und nie trocken.
Auch den Gebrauch des Kompasses sollten wir nicht vernachlässigen. Jede Elektronik kann einmal aussteigen. Gut wenn man sie beherrscht aber doch unabhängig bleibt.

Edwin Kaufmann

Die Karte

Was ist eine Landkarte?

Karte und Wirklichkeit. Wer zum ersten Mal in eine Landkarte schaut und das zugehörige Gelände damit vergleicht, wird nicht sofort erkennen können, was die beiden miteinander gemeinsam haben. Die Unterschiede sind auf den ersten Blick zu gross:
Wir stehen in einer plastischen, lebendigen Landschaft. In unserer Hand liegt aber ein flacher Plan. Darauf ist alles sehr stark verkleinert. Bäume und Büsche sind zu grünen Flächen zusammengefasst. Verschiedene Linien, Zeichen und Beschriftungen können uns zunächst sogar verwirren. Erst nach einiger Zeit unterscheiden wir Berge und Täler durch die Relieftönung. Aber da beginnt schon das nächste Problem: Vieles können wir in der Landschaft nicht sehen, weil es verdeckt ist. Steigen wir auf eine Anhöhe, so erweitert sich zwar unser Horizont. Aber jetzt zeigt sich noch ein wichtiger Unterschied: Wir sehen die Landschaft immer von einem Punkte aus. Wir sehen perspektivisch: das Nahe gross, das Entfernte kleiner.

Ansicht und Plan. Die Karte aber ist nicht perspektivisch. So, wie die Karte die Landschaft zeigt, sehen wir sie höch-

Abb. 7: Ansichtsfoto des Kartenausschnitts und des Luftbildes (Abb. 1 und 6) von Süden aus.

stens vom Weltraum aus. Das wird uns sofort klar, wenn wir eine Vogelschaukarte oder ein Panoramafoto mit einer topografischen Karte vergleichen. (Topografie heisst Orts- und Lagebeschreibung.) Die Vogelschaukarte und das Foto geben eine Ansicht wieder. Die topografische Karte ist ein *Plan*, auf dem die Landschaft genau vermessen, zwei dimensional und abstrahiert dargestellt ist. Alle Punkt liegen in einer Ebene. Die Objekte sind durch Signature (Zeichen) dargestellt. Die Winkel entsprechen denen in de Landschaft, die Flächen und Distanzen sind alle im glei chen Massstab verkleinert. Die topografische Karte kann exakt winkel- oder flächentreu sein.

Projektion. Ein weiterer Unterschied von Karte und wirklichem Bild ist, dass die *Kugelgestalt* der Erdoberfläche (genauer gesagt ist die Erde ein Rotationsellipsoid) beim Plan in eine Ebene umgesetzt werden muss. Am stärksten fällt uns dieses Problem bei einer Weltkarte auf. Die Polargebiete sind weit auseinandergezogen, während die Kontinente im mittleren Bereich oft zu schmal dargestellt sind. Die Flächentreue ist da nicht erfüllt.

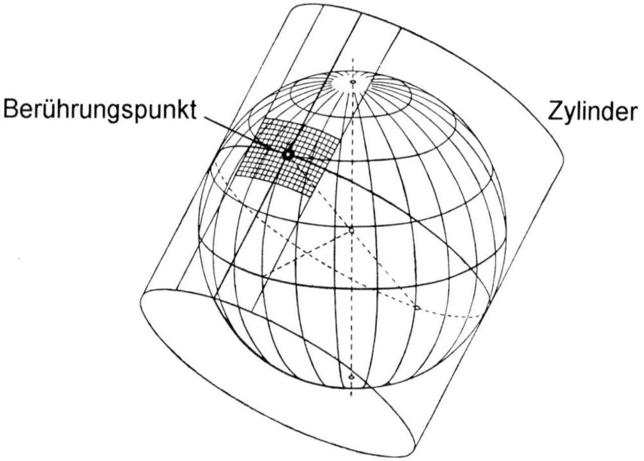

Abb. 8: Schiefachsige Zylinderprojektion. Die Kugelgestalt der Erde wird auf eine Ebene projiziert. Auf der Karte ist nur eine Linie mit dem Längengrad parallel. Dieser Meridian führt durch den einzigen Punkt des Zylinders, der die Kugel berührt.

Auch bei unseren topografischen Karten, die nach einer winkeltreuen, schiefachsigen Zylinderprojektion gezeichnet sind, spielt die Verzerrung eine – wenn auch nur geringe – Rolle. Die Winkeltreue aber hat gegenüber Längen- und Flächentreue den Vorrang.

Was finden wir auf der Landkarte?

Gradeinteilung. Als englische Seeleute im Auftrag ihrer Königin Elisabeth I. erstmals die Weltmeere in grossem Stil durchkreuzten, hatten die alten Navigationsinstrumente wie Jakobstab und Sanduhr bald ausgedient.

An die Stelle des Jakobstabes, mit dem die Höhe der Gestirne gemessen wurde, um die Nord-Süd-Bewegung des Schiffes zu verfolgen, trat der Spiegelsextant, ein optisches Winkel-Messgerät. Die Sanduhr, mit der die Bewegung in der West-Ost-Richtung berechnet werden konnte, wurde von der exakt gehenden Räderuhr, dem Chronometer, verdrängt. Spätestens seit der Weltumsegelung Fernao de Magalhaes' 1519–22 war ja auch die Kugelgestalt der Erde erwiesen.

Zur genauen Standortbestimmung auf den Meeren brauchte es nun ein Koordinatennetz und eine Gradeinteilung:

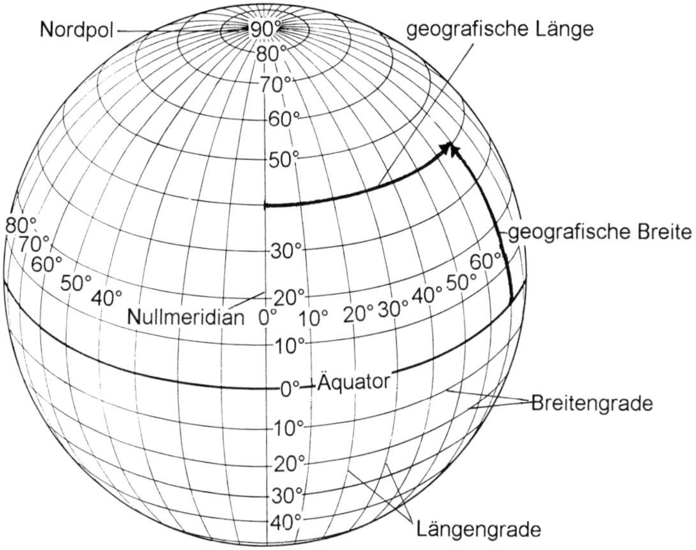

Abb. 9: Das Gradnetz der Erde. Nördlich und südlich des Äquators verlaufen die parallelen Breitenkreise. Östlich und westlich vom (senkrecht gezeichneten) Nullmeridian verlaufen die Längenkreise, die an den Polen zusammenlaufen.

Pole. Ausgangspunkte bilden die beiden geografischen Pole – *Nord- und Südpol* genannt – also die Punkte, durch welche die Drehachse der Erde führt.

Breitengrade. Im weiteren wurde eine Linie festgelegt, welche immer gleich weit von den beiden Polen entfernt

liegt: der *Äquator* (lat. aequus = gleich). Diese Linie verläuft entlang dem grössten Erdumfang und teilt die Erde in zwei gleichgrosse Halbkugeln, die Hemisphären. Vom Äquator aus gesehen liegt der Polarstern auf dem Horizont. Darum wird der Äquator mit 0° (Grad) bezeichnet. Am Nordpol steht der Polarstern im rechten Winkel zur Erdoberfläche. Deshalb wird der Pol mit 90° bezeichnet. Alle Standorte zwischen Pol und Äquator liegen zwischen 0° und 90° Breite.
Alle Punkte, die rings um die Erde gleich weit vom Pol oder vom Äquator entfernt sind, liegen auf demselben *Breitenkreis* oder *Breitengrad*. Die Breitenkreise heissen auch *Parallelkreise*, weil sie alle parallel zum Äquator verlaufen. Messen wir einmal um die Erde vom Nordpol aus über den Äquator zum Südpol und auf der gegenüberliegenden Seite wieder zum Nordpol zurück, so bekommen wir: 4 mal 90° = 360° (4 Quadranten), also einen Vollkreis.

Längengrade. Die Linien, welche die Breitengrade im rechten Winkel schneiden und von Pol zu Pol verlaufen, heissen *Längengrade* oder *Meridiane*. Man nennt sie auch *Mittagslinien*, denn die Sonne steht auf jeder dieser Nord-Süd-Linien zur gleichen Zeit in ihrem Kulminationspunkt (höchster Punkt ihres Tagesbogens).
Weil die Erde rund ist, musste zum Zählen dieser Linien willkürlich ein Fixpunkt gewählt werden. Dieser konnte dem damaligen Zeitgeist entsprechend nur in London liegen. Noch heute geht der *Nullmeridian* durch die alte Londoner Sternwarte in Greenwich. Von hier werden nach Osten und Westen je 180° Grad gezählt. Dort, wo die beiden Richtungen auf der gegenüberliegenden Seite der Erdkugel zusammenstossen, liegt die *Datumgrenze*. Die Abstände zwischen den Längengraden sind beim Äquator am grössten, bei den Polen am kleinsten. Sie sind also nicht parallel sondern laufen im Pol zusammen.

Koordinaten. Wir können jeden Punkt auf der Erde, zu Land oder zu Wasser, mit zwei Zahlenwerten, den Koordinaten, genau angeben. Wollen wir nun eine Position bestimmen, nennen wir zuerst die Breite und setzen N oder S (vom Äquator) dazu; dann die Länge und setzen W oder E (Ost) von Greenwich dazu. Für die feinere Einteilung gibt es die Minuten, *Bogenminuten* (′) genannt. Ein Grad zählt 60 Bogenminuten. Die Bogenminute ist in 60 *Bogensekunden* (″) eingeteilt. Diese Einteilung heisst auch Gradnetz. Den Kreuzungspunkt von Längs- (Longitude) und Breitenkreis (Latitude) nennen wir Koordinate. Vom Basler Münster lautet die Koordinate: 47°37′30″ N / 7°35′30″ E. Koordinatensysteme kennen wir übrigens auch aus anderen Lebensbereichen, z. B. vom Schachbrett.

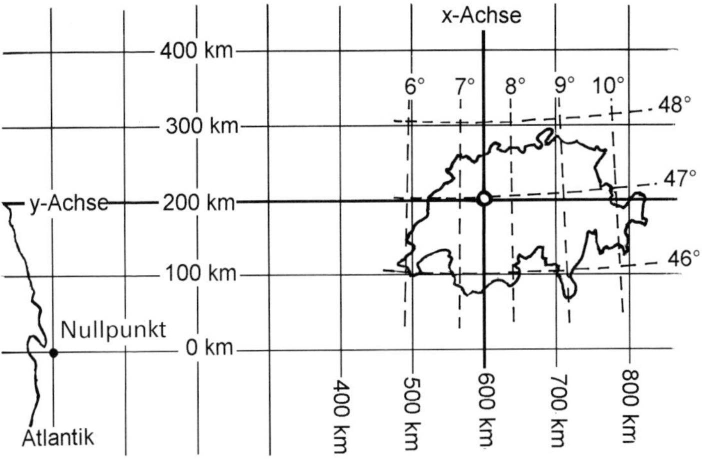

Abb. 10: Das Beispiel eines «Gitters» am Schweizer Kilometerkoordinatennetz «Swiss Grid». Der Fundamentalpunkt liegt in der alten Sternwarte von Bern: 46° 57′ 09″ N / 7° 26′ 22″ E = Koordinaten 600/200. Nur die 600 km-Nord-Süd-Linie fällt mit dem geografischen Meridian zusammen.

Für die weltweite Verständigung verwenden wir das oben beschriebene Gradnetz. Für die kleinräumige Orientierung ist dieses Netz zu grob. Ausserdem ist es nicht rechtwinklig. Auf vielen topographischen Karten arbeiten wir mit einem speziellen Koordinaten-Gitter, das die Karte in quadratische Felder einteilt.

Swiss Grid. Das Schweizerische Bundesamt für Landestopographie benützt ein sehr praktisches Kilometer-Koordinatennetz, auch «Swiss Grid» genannt. Mit einem solchen Gitter sind auch die Distanzen leicht zu überblicken. Der Abstand von Linie zu Linie beträgt 2 cm bei 1:50′000 und 4 cm bei 1:25′000 = 1 km. Der Fundamentalpunkt dieses Netzes liegt – wie auch jener der schiefachsigen Zylinderprojektion der Karten – bei der alten Sternwarte in Bern: Es ist der Punkt 600/200. Damit jede Verwechslung beim Benennen ausgeschlossen ist, zählen alle Längenwerte von W nach E (Rechtswerte) über 400, alle Breitenwerte aber von Süd nach Nord (Hochwerte) unter 400. Hinter der Kilometerzahl werden zur genaueren Bestimmung, nach einem Punkt, die Zehntel- und Hundertstelstelle (100 und 10 m; 0 für m) angegeben. Die Kilometer-Koordinate des Basler Münsters z. B. lautet 611.550/267.300. Die Marken des geografischen Gradnetzes sind am Kartenrand angerissen.

Gauss-Krüger-Gitter. In Deutschland, Österreich und einigen anderen Ländern wird bei den topografischen Karten die nach zwei Wissenschaftlern benannte Gauss-Krüger-Projektion angewandt. Diese ist eine Verfeinerung der von Mercator (lat. für Krämer) 1569 erstmals angewandten winkelgetreuen Projektion. Beim deutschen Kartenwerk können die seitlichen Kartenränder als Meridiane genommen werden, nicht aber die senkrechten Gitterlinien wegen der Meridiankonvergenz (s. dort). Alle durch 3 teilbaren Meridiangrade sind im Gitter senkrecht.

UTM-Gitter. Ein heute weitverbreitetes Netz ist das UTM-Gitter (= Universale Transversale Mercator-Projektion). Es wird vor allem als Such- oder Meldegitter für Rettungsdienste und Militär (NATO) verwendet. Dabei werden Rechts- und Hochwert in je drei Ziffern angegeben. Die ersten zwei Ziffern (Kilometer) sind auf dem Kartenrand angegeben, die dritte (100 m) wird auf dem Kartenausschnitt geschätzt oder mit dem Planzeiger (s.u.) gemessen. Diese sechsstellige Zahl wird in der Reihenfolge Rechtswert/Hochwert – ohne Punkt dazwischen – angegeben. Für den östlichen Feldberg im Schwarzwald z. B. heisst die UTM-Koordinate 325022.
Alle drei oben beschriebenen Gitter teilen die Karte in quadratische Felder. Diese Gitter sind aber punkto Lage und Bezeichnung nicht identisch! Wenn das Gitter nicht eingedruckt ist, können wir es selber zeichnen, indem wir die zusammengehörigen Marken mit Bleistiftlinien verbinden.

Gitterlinien werden immer von links nach rechts = Rechtswert – und von unten nach oben = Hochwert gezählt.

Wir geben die Koordinaten jeweils in der Reihenfolge: Rechtswert, Hochwert an. Eselsbrücke: «recht hoch».
Rechtswert heisst der Abstand eines Punktes von einer senkrechten Gitterlinie, Hochwert heisst der Abstand von einer waagrechten Gitterlinie. Der Rechtswert kann auch mit E (Ost) oder mit y (Abszisse), der Hochwert mit N (Nord) oder x (Ordinate) bezeichnet werden.

Planzeiger. Die Teilung innerhalb des Kilometers lesen wir an der Messkante unseres Kompasses mit dem entsprechenden Massstab ab. Es gibt zu diesem Zweck auch den praktischen Planzeiger mit zwei rechtwinklig angeordneten Massstäben. Man muss ihn zum Messen nur einmal anlegen: Mit der waagrechten Teilung legen wir an der nächst unteren Koordinatenlinie an, und verschieben den Planzeiger seitlich, bis der zu bestimmende Punkt an der senkrechten Teilung anliegt. So können wir Rechts- und Hochwert spielend und sehr genau ablesen.

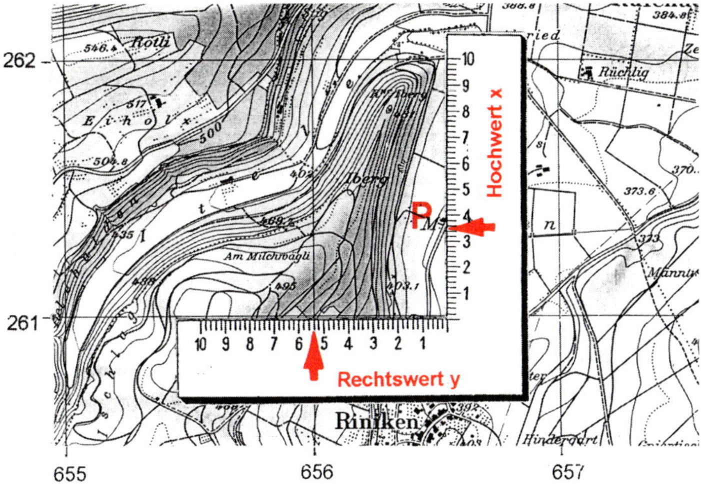

Abb. 11: Planzeiger. Dank diesem praktischen «Winkelmassstab» können die genauen Koordinaten schnell und genau in Hundertstel eines Kilometers bestimmt oder abgelesen werden. Der Punkt P hat den Rechtswert 656 540 und den Hochwert 261 350.

Mit der praktischen Messfolie («rapex», CH-Landestopographie) kann man ausser Koordinaten und Winkeln auch Neigungen auf der Karte und im Gelände messen.

Wie entsteht eine Karte?

Eine schöne, übersichtliche Karte mit klarer aber unaufdringlicher Farbgebung und Schattierung, mit deutlichen Signaturen und gut lesbaren Informationen ist eigentlich ein Kunstwerk! Allerdings eines, das Genauigkeit und hohes technisches Können sowie entsprechende Einrichtungen voraussetzt. Und nicht zuletzt braucht es dafür geschulte Fachleute.

Vermessung. Die Grundlage jeder Kartierung ist eine genaue Vermessung. Gemessen werden: horizontale Winkel zwischen zwei Richtungen, vertikale Winkel für die Höhen und Distanzen. Seit dem griechischen Mathematiker Pythagoras beruht die Erdvermessung auf der Dreiecksberechnung, der Trigonometrie. Die Vermessungs- oder Triangulationspunkte befinden sich auf Gipfeln oder exponierten Stellen. Es gibt ein Netz von Vermessungspunkten verschiedener Grade. Seit der Einführung der satellitengestützten Vermessung mit GPS (s. dort) ist ein neues, vereinfachtes aber genaueres und brauchbareres Netz erstellt worden.

Abb. 12: Klassisches Triangulationssignal der Landesvermessung, die seit bald 100 Jahren in Gebrauch ist und nun durch eine neues satellitengestütztes System ersetzt wird.

Luftaufnahme. Das senkrechte Flugbild ist eine wichtige Grundlage für die Kartenherstellung. Von einem Spezial-Flugzeug aus werden Reihen-Aufnahmen gemacht, die sich so überdecken, dass die Perspektive aufgehoben wird (s. Abb. 6). Nach diesen photogrammetrischen Luftaufnahmen kann der Kartograf auf einer speziellen Apparatur, dem Stereo-Autografen, die Höhenlinien zeichnen.

Satellitenaufnahme. Seit 1972 liefern verschiedene Satelliten äusserst gute Bilder von der Erdoberfläche. Diese werden z. T. auch für die Kartografie verwendet. Die Bilder werden zeilenweise mit einem optischen Abtastgerät (Scanner) aufgenommen und per Funk zu den Bodenstationen gesendet. Für die topografischen Karten ist aber nach wie vor die Luftaufnahme die beste Grundlage.

Druck. Nach der Reinzeichnung bzw. der Gravur werden die Druckplatten hergestellt; für jede Farbe eine eigene Platte. Für die topografischen Karten braucht es normalerweise 6 Farben, für eine geologische Karte manchmal bis zu 30 Platten für die verschiedenen Farben.
In einem Zyklus von 5 bis 7 Jahren müssen die Karten infolge der heute starken Bautätigkeit und auch wegen natürlicher Einflüsse, nachgeführt und revidiert werden. Die Landesvermessungs-Ämter geben das Datum der Erstausgabe und auch jenes der Nachführung auf dem Kartenrand an. Das Schweizerische Bundesamt für Landestopographie veröffentlicht auch einen Nachführungs-Zeitplan für die einzelnen Kartenblätter.

Was sagt die Karte aus?

Höhenlinien. Auffallend sind die meist schwarz oder braun – über Gletschern und in Gewässern blau – gedruckten wellenförmig nebeneinander verlaufenden oder zu Schlingen geformten Linien, die das ganze Kartenbild bedecken. Das sind die Höhenlinien, die zwei Aufgaben erfüllen:

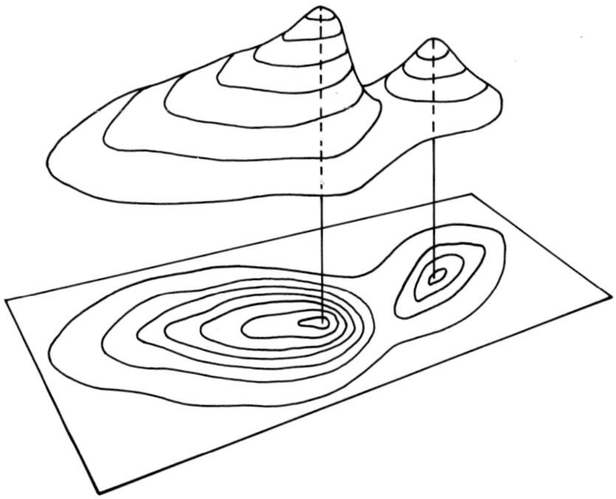

Abb. 13: Die Höhenkurven sind Linien, welche alle Punkte der gleichen Höhe über Normalnull der Meereshöhe verbinden. Der senkrechte Abstand dieser Höhenkurven heisst Äquidistanz.

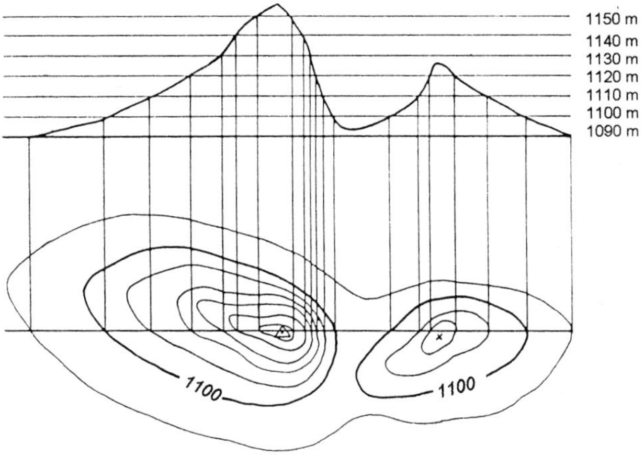

Abb. 14: Profilzeichnung anhand der Höhenkurven.

- sie geben uns ein exaktes Bild des Reliefs der Landschaft und der Geländeformen;
- sie zeigen uns fast an jedem Punkt in der Landschaft die Höhe über Normalnull NN (mittlere Höhe über dem Meeresspiegel). Alle Punkte auf einer und derselben Höhenlinie sind gleich hoch über Meer.

Die Höhenlinien sind in der Landschaft nicht sichtbar. Man kann sich aber denken, wie in einem Stausee, der schrittweise abgesenkt wird, das Wasser jeweils eine Linie der gleichen Höhe am Ufer zeichnet.

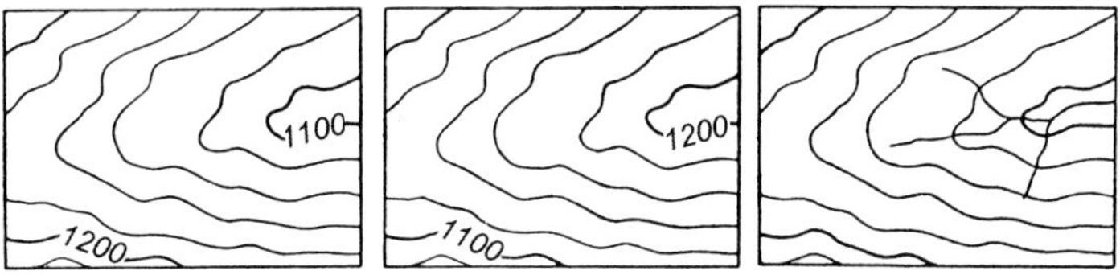

Abb. 15: Lesen der Höhenkurven. Um zu erkennen, was Rücken und was Mulde ist, nehmen wir die Angaben der Zähllinien oder die Gewässer zu Hilfe. (v.l.n.r.: Mulde, Rücken, Mulde.)

Äquidistanz. Der senkrechte Abstand der Höhenlinien auf der Karte heisst Äquidistanz und beträgt je nach Massstab der Karte 10, 20 oder mehr Meter. Äqui heisst gleich; die Höhenlinien haben immer den gleichen Vertikalabstand. Punkte, welche zwischen zwei Linien liegen, können wir schätzen. *Zähllinien* (z. B. 100 m) sind durch eine fettere Linie ausgezeichnet und mit der Höhenzahl versehen. Bei Felspartien sind nur diese Linien durchgezogen. Achtung: zwischen zwei Höhenlinien kann auch einmal eine Senke sein, die auf der Karte nicht dargestellt ist.

Relief. Anhand der Höhenlinien kann man sich die Geländeform vorstellen. Wenn wir die einzelnen Linien von einem Berg auf Karton kopieren, ausschneiden und aufeinander kleben, bekommen wir ein Stufen-Relief.
Um aber vom Relief der Landschaft und seinen einzelnen Hangneigungen eine Vorstellung zu bekommen, braucht es die Erfahrung im Gelände. Wir betrachten beim Wandern des öftern die Entfernung der Höhenlinien und prägen uns dazu die jeweilige Steigung ein. So bekommen wir mit der Zeit ein Mass für Steigung und Gefälle.

Steigungen. Wir können uns die Steigung mit einer Profilzeichnung veranschaulichen, indem wir den Abstand der Höhenkurven auf unserem Weg von einer Karte

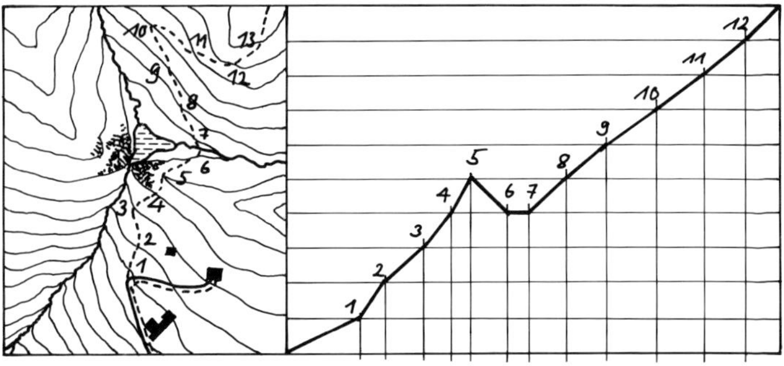

Abb. 16: Zeichnen eines Wegprofils nach den Höhenkurven.

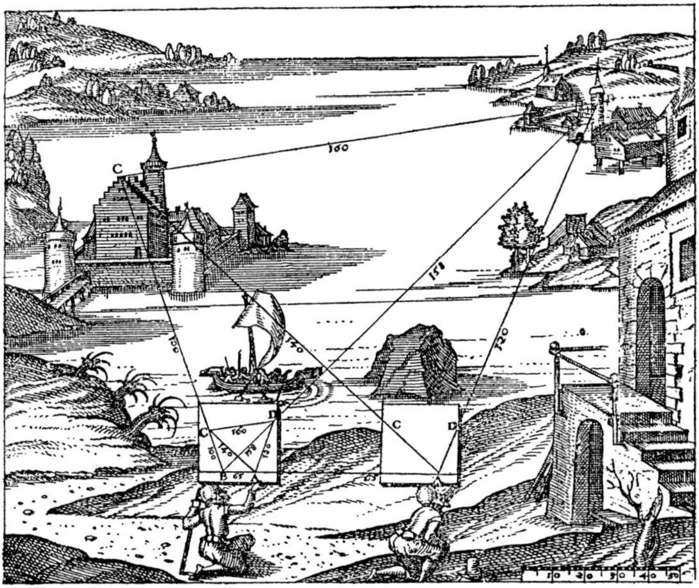

Abb. 17: Vom 16. Jh. an bis ins Satellitenzeitalter hat man im Prinzip so vermessen. Nur die Instrumente sind weiter entwickelt worden: hier eine Dreiecksvermessung auf Messtisch.

1:25'000 mit einem Stechzirkel auf eine waagrechte Linie abtragen. Darüber zeichnen wir parallele Linien im Abstand von z. B. 4 mm. Von jedem Punkt aus ziehen wir eine Senkrechte. Dann verbinden wir die entsprechenden Schnittpunkte wie in der Abbildung. So bekommen wir ein Wegprofil, das (bei Äquidistanz 10 m) zehnfach überhöht ist.
Auf den deutschen Karten sind *Neigungsdiagramme* aufgedruckt. In Wanderbüchern finden wir oft Streckenprofile, die Neigungsquerschnitte für die ganze Route zeigen.

Höhenpunkte sind Höhenangaben in Zahlen. Sie dienten ursprünglich zum Aufbau eines Vermessungsnetzes und werden auch weiterhin für Messungen gebraucht. In der Landschaft sind sie, je nach ihrer Klassierung, als Stein mit Gravur oder eingelassenem Messingzylinder oder gar als Stangenpyramide (Triangulationssignal, Abb. 12) zu sehen. Auf der Karte sind sie als Punkt, Kreuzlein oder Dreieck mit Punkt eingezeichnet. Die Zahl gibt die genaue Höhe über Normalnull (Meereshöhe) an.
Höhenpunkte kann man auch benützen, wenn man z. B. einen Treffpunkt verabreden will: «Wegkreuzung bei Pt (Punkt) 512,» oder «Hügelkamm Baregg Pt 531».

Anhand der Höhenzahlen können wir auch schnell die Höhendifferenzen z. B. bei einer Wanderroute ablesen.

Relieftönung. Sie gibt dem Kartenbild das plastische Aussehen. Die Tönung ist farblich abgestimmt in Gelb- (Licht) und Grautönen (Schatten). Die für die Karte angenommene Lichtquelle scheint aber nicht wie unsere Sonne von Süden her, sondern von Nordwest. Von dort kommt das Sonnenlicht in Wirklichkeit aber nie. Das ist deshalb, weil wir vom Leben her gewöhnt sind, dass das Licht von oben kommt. Bei richtiger Relief-Beleuchtung hätten wir nämlich Mühe, Berg und Tal zu unterscheiden. Testen Sie es bei verkehrt gehaltener Karte.
Dennoch: Die vermehrte Verwendung von Satellitenaufnahmen für Karten könnte eines Tages zu einer veränderten Betrachtungsweise führen.

Signaturen. Sie sind die Zeichensprache der Karte, Pictogramme. Sie leuchten ohne weiteres ein. Die wichtigsten müssen wir unbedingt auswendig lernen, wenn wir mit der Karte vertraut werden wollen. Denn es ist ärgerlich, wenn man sie im Ernstfall falsch interpretiert und z.B. einen Fussweg sucht, wo lediglich eine Grenze eingezeichnet ist. Die Signaturen sind zwar noch nicht international genormt; doch weichen sie meist nur geringfügig voneinander ab. Beim Kartenlesen spielen die Signaturen eine nicht geringe Rolle. So kann uns z. B. eine eingezeichnete Höhle für die Orientierung helfen, obwohl wir sie nicht besichtigen wollen. Ein Faltblatt mit den vollständigen Signaturen ist bei den Verkaufsstellen erhältlich.

Beschriftung. Je nach Bedeutung und Einwohnerzahl eines Ortes werden verschiedene Schriftgrössen verwendet. Oft verwendete Begriffe sind abgekürzt, z. B. A. = Alp, Hst. = Haltestelle usw.
Viel Aufschluss über eine Gegend können uns Namen, vor allem auch Flurnamen geben. So weisen alle «Rüti, Reuti, Rütli» – was Rodung heisst – darauf hin, dass hier in der Frühzeit Menschen den Wald geschlagen und feste Wohnplätze eingerichtet haben. Ringoldshausen, Reigoldswil heissen Orte, an deren Rain im Herbst Farne goldgelb leuchteten. Soviel als Anregung für eigene Forschungen. In der Landeskarte der Schweiz sind Flurnamen jeweils im örtlichen Dialekt eingetragen. Auch in Deutschland gibt es Einträge von nichtamtlichen, volkstümlichen Namen (kursiv). Solche Namen sind nicht nur eine Fundgrube für Sprachinteressierte. Sie geben uns auch die Möglichkeit, die Landschaft und die darin lebenden Menschen sowie ihre Geschichte besser zu verstehen. Diese Informationen gehen natürlich über eine blosse Orientierung hinaus.

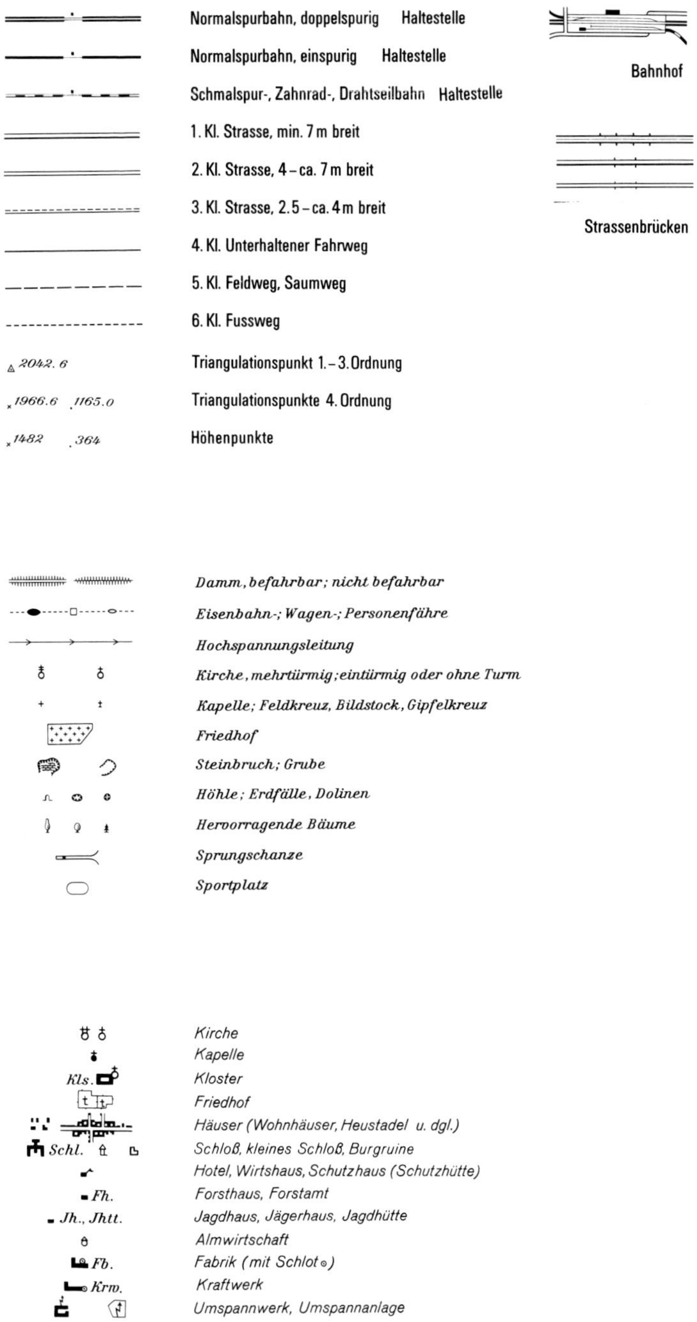

Abb. 18: Einige Karten-Signaturen oben Schweiz, Mitte Deutschland, unten Österreich. Felsen sowie vom Menschen geschaffene Objekte wie Gebäude, Verkehrswege, Grenzen usw. sind schwarz, Vegetation grün, Gewässer blau.

Der Kartenrand

Über dem Studium des Kartenbildes dürfen wir aber nicht vergessen, dass auch der Kartenrand eine ganze Reihe wichtiger Informationen enthält.

Randmarkierungen:

- *Titel und Name* des Blattes sagen etwas aus über den Ausschnitt eines Landes oder Kartenwerkes.
- *Art der Karte:* Topografische Karte, Strassen-, Spezialkarte usw. Karte mit Eindruck von Wander-, Ski- oder Velo-Routen.
- *Ausschnitte.* Von vielen Ländern gibt es mehrere Blätter, die das ganze Hoheitsgebiet in aneinander gereihten Blättern wiedergeben. Ein solches Kartenwerk gibt es in verschiedenen Massstäben.
- *Gradeinteilung.* Am Kartenrand sind ausserdem die Längs- und Breitengrade angegeben; in CH zusätzlich die Kilometerkoordinaten und in D und A das Gitter.

In manchen topografischen Kartenwerken wie z. B. im deutschen sind auf dem Kartenrand auch die

drei Norden angegeben:

- *Geografisch Nord* «NG» (CH); «GeN» (D und A). Das ist die wirkliche Nordrichtung, die auf den Drehpol der Erde und somit (genähert) auf den Polarstern weist. Auch die Meridianlinien (Längengrade) laufen in GeN zusammen. NG oder GeN erhalten wir, wenn wir nach den Randmarkierungen der Meridiane eine Linie einzeichnen.
- *Magnetisch Nord* «NM» (CH); «MaN» (D und A). Die magnetischen Pole der Erde sind nicht identisch mit den Drehpolen. Die Abweichung (Deklination) ist u. U. beträchtlich. Unser Kompass reagiert im Grunde nur auf den örtlichen Verlauf der Feldlinien des Erd-Magnetfeldes (s. Abweichungen in der Isogonen-Karte und Tabelle S. 35).

  NM oder MaN können wir mit dem Kompass bestimmen. Am Kartenrand ist entweder das abgebildete Zeichen oder der Winkelwert der Deklination mit jährlicher Zu- oder Abnahme angegeben.
- *Karten-Nord* «NK» (CH); *Gitter-Nord* «GiN» (D+A). Bei den gebräuchlichen Projektionen der Kugelgestalt auf die Fläche sind die Meridiane nicht parallel, und zeigen – ausser einem einzigen – nicht genau nach Norden. Die Gitterlinien sind aber alle senkrecht und waagrecht. Ihre Nordrichtung heisst Kartennord oder Gitternord.

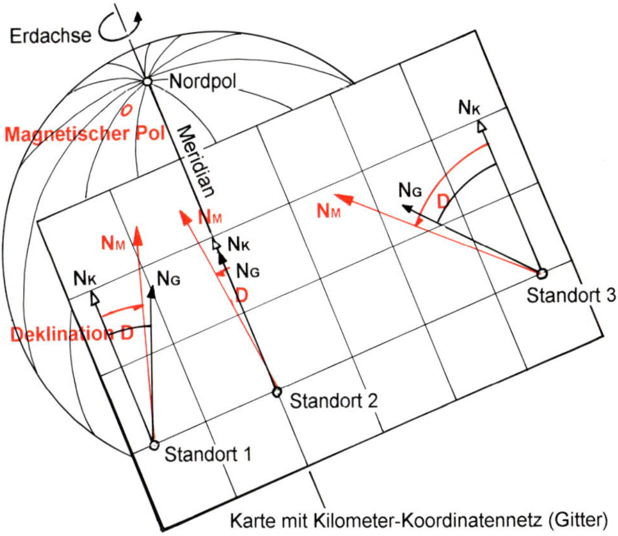

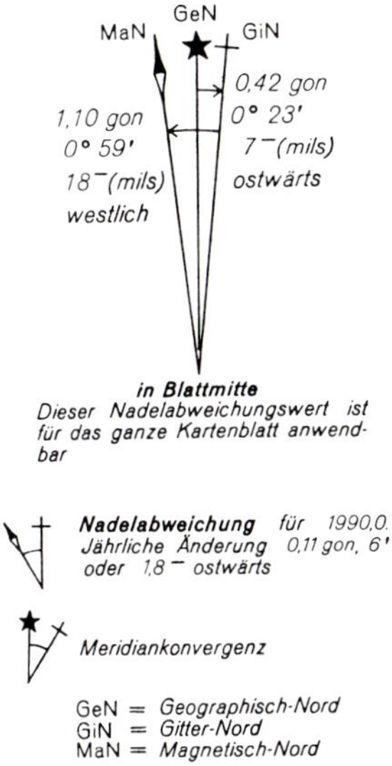

Abb. 19: Die drei Norden. Die roten Pfeile zeigen auf magnetisch Nord, die schwarzen auf geografisch Nord und die offenen auf Karten- oder Gitternord. Die Abweichung der Kompassnadel von Kartennord heisst Deklination. Die Abweichung zwischen Kartennord und geografisch Nord heisst Meridiankonvergenz. Deutschland und Schweiz gebrauchen verschiedene Abkürzungen für das Gleiche. CH / D: geografisch Nord: N_G = GeN; Karten- oder Gitternord: N_K = GiN; magnetisch Nord: N_M = MaN. Nebenan: Abweichungszeichen einer deutschen Karte. Zu beachten: die drei verschiedenen Pfeilsymbole.

Massstab. Er ist ebenfalls auf dem Kartenrand eingedruckt. Die Zahl bestimmt das Verhältnis der Verkleinerung. Also: Wieviel mal kleiner ist das Kartenbild als die Wirklichkeit? 1:100'000 heisst z.B., dass 1 cm auf der Karte in Wirklichkeit 100'000 cm = 1000 m = 1 km im Gelände ist. Damit kann man also Strecken einfach umrechnen. Welcher Massstab ist grösser: 1:100'000 oder 1:50'000? Wir können jeden Massstab auch als Bruch lesen: 1:50'000 = 1/50'000, dieser Bruch ist grösser als 1/100'000, und so ist es auch der Massstab.

Abb. 20: Gleiche Kartenausschnitte wie in Abb. 1, aber in den Massstäben 1:50'000 und 1:100'000.

Vergleichstabelle für Distanzen

Masstab	1 cm auf der Karte	1 km im Gelände
1: 25'000	250 m	4 cm
1: 50'000	500 m	2 cm
1:100'000	1000 m	1 cm

Umrechnungstabelle für Distanzen

auf der Karte	1:25'000 im Gelände	1:50'000 im Gelände
1 mm	25 m	50 m
2 mm	50 m	100 m
5 mm	125 m	250 m
1 cm	250 m	500 m
2 cm	500 m	1 km
5 cm	1,25 km	2,5 km
10 cm	2,5 km	5 km
20 cm	5 km	10 km

Die Wahl der richtigen Karte

Je grösser der Massstab, desto kleiner ist der Ausschnitt bei gleicher Blattgrösse. Beim grösseren Massstab ist nicht nur das Kartenbild vergrössert, sondern es sind auch viel mehr Details eingezeichnet. Beim kleineren Massstab wird vieles, wie z.B. Strassenführungen, Grundrisse von Häusern, ganze Ortschaften usw. vereinfacht, *generalisiert*.

Welcher Massstab? Für Bergwanderungen wählen wir eine Karte mit grossem Massstab, die auch viele wichtige Details enthält, z. B. 1:25'000. Für übrige Wanderungen genügt 1:50'000. Gewiss ist es reizvoll, den grössten Massstab zu verwenden. Aber es braucht dazu mehr Kartenblätter.

Abb. 21: Im kleineren Massstab muss das Kartenbild vereinfacht, generalisiert werden, damit es übersichtlich bleibt. Beispiel eines Dorfes. Massstäbe 1:25'000, 1:50'000 und 1:100'000 bei gleicher Ausschnittgrösse.

Spezialkarten. Für touristische Gebiete gibt es auch Zusammensetzungen aus mehreren Kartenblättern. Karten mit zusätzlichen Eindrucken wie Wander- oder Skirouten, Rastplätzen, Naturschutzgebieten usw. werden angeboten. Für Radwanderungen sind 1:100'000-Karten oder spezielle Velokarten im Massstab 1:60'000 geeignet. Darin sind Rad-Routen mit Steigungen und Gefällen, gefährliche Strecken sowie allerlei Freizeiteinrichtungen eingezeichnet. Neben den Routenkarten gibt es auch thematische Karten, z.B. Kulturgüter-, Museums-, Burgen-, Eisenbahn-, Luftfahrt- oder Luftfahrt-Hindernis-, Freizeitkarten und viele andere.
Karten, deren Massstab aus der gebräuchlichen Reihe tanzt, z.B. 1:60'000, sind zum Messen und Rechnen aber ungeeignet, weil der Abstand der Linien z. B. 1,66... cm statt runde cm beträgt.
Die klassischen Massstäbe der topografischen Karten sind 1:25'000, 1:50'000, 1:100'000. Mit diesen Massstäben kann man in allen Bereichen optimal arbeiten.

Karten auf CD-ROM werden heute in immer besserer Qualität angeboten. Sie dienen zur Bearbeitung und Vorbereitung am Computer. Sie können aber auch auf einige GPS-Geräte geladen und so ins Gelände mitgenommen werden (S. 73). Das Schweizerische Bundesamt für Landestopographie gibt Swiss Map 100 in einer und 50 (1:50'000) in vier CDs in sehr hoher Auflösung und Qualität heraus. 1:25'000 ist geplant. Damit ergeben sich viele neue Möglichkeiten des Kartengebrauchs.

Wandern und Orientieren mit der Karte

Kartenlesen durch Vergleichen. Wenn wir uns mit der Karte im Gelände zurechtfinden wollen, müssen wir zuerst lernen, sie zu lesen, sie in die Landschaft umzusetzen. Es

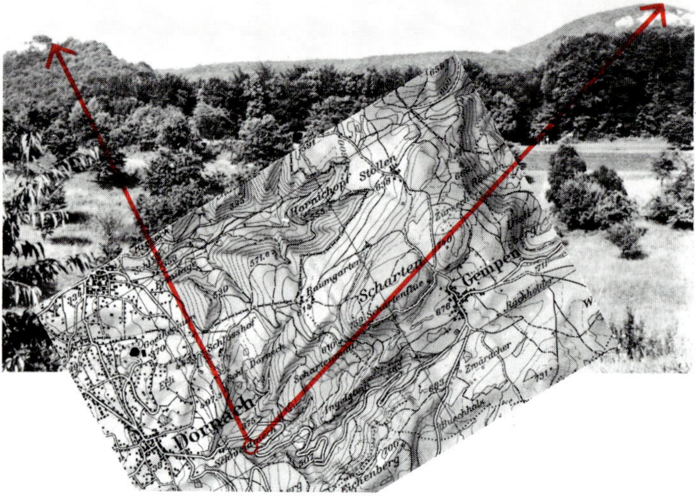

Abb. 22: Karte einordnen nach markanten Geländepunkten. Karte wird waagrecht gehalten.

ist fast so, wie wenn wir etwas aus einer anderen Sprache übersetzen. Das will gelernt, aber auch geübt sein.
Am besten üben wir das Vergleichen von Landschaft und Kartenbild zunächst in einem uns bekannten Gelände. Hier bekommen wir die nötige Sicherheit, um uns dann auch in unbekanntem Terrain zurechtzufinden.

Karte einordnen. Eine gute Übung ist, wenn wir die Karte zuerst lagerichtig ins Gelände einordnen. Dazu wählen wir einige markante Objekte, die nicht zu nahe liegen. Dann halten wir die Karte waagrecht so vor uns hin, dass die Richtung zu diesen Punkten einigermassen stimmt. Nun vergleichen wir die Geländeformen, Wege, Gewässer, Waldränder usw. mit dem Kartenbild und orientieren uns. Schliesslich verlassen wir unseren Standort und bewegen uns in einer Richtung. Dabei betrachten und vergleichen wir das Gelände von immer neuen Standorten aus. So machen wir uns mit dem Kartenlesen allmählich vertraut.

Überblick jederzeit. Obwohl die Wanderwege meist gut bezeichnet sind, nehmen wir die Karte in die Hand. Wir falten sie klein und schauen hin und wieder kurz hinein. Durch häufiges Vergleichen mit dem Gelände vergewissern wir uns, ob wir auch auf der richtigen Route sind. Auffällige Merkmale wie Waldränder, Gewässer, Wegbiegungen und Kreuzungen, Geländeformen usw. überprüfen wir, wenn nötig. Wir schauen auch immer auf der Karte, wie der Weg

weiter führt: Was kommt nach dem Wald, am Ende des Tales usw.?
Die Befürchtung, dass wir dadurch die Natur zu wenig erleben, ist unbegründet. Im Gegenteil: gerade weil wir sie bewusster durchschreiten, beobachten wir viel aufmerksamer.

Standort. Alles hängt davon ab, dass wir jederzeit unseren Standort auf der Karte kennen, dass wir wissen, wo wir sind. Das scheint so leicht! Und doch liegt hier immer wieder der Anfang jedes Verirrens (s. auch Standortbestimmung mit Kompass oder mit GPS, Kap. Weitere Orientierungsmittel).

Verirrt. Sind wir aber einmal falsch gegangen, müssen wir ruhig und überlegt handeln. Das Erste ist immer: Karte mit oder ohne Kompass nach Norden einordnen. Durch gutes Beobachten und Kartenvergleichen kommen wir in den meisten Fällen wieder zurecht. Wo ist der letzte Wegpunkt, den wir noch klar erkannt haben? Manchmal müssen wir dorthin zurückgehen. *Sich verirren gehört einfach dazu. Es passiert auch Geübten!* Das Erfolgserlebnis, wenn wir nach einem Fehler den richtigen Weg wieder finden, ist grösser, als wenn wir uns nie verirrten.
Manchmal ist auch die Karte ungenau. Karten veralten heute schnell wegen reger Bautätigkeit. *Nachführungsdatum* am Kartenrand beachten.
Nach einiger Übung verlassen wir absichtlich die ausgetretenen Wege. Da ist es nun aber besonders wichtig, dass wir laufend unseren Weg auf der Karte verfolgen und jederzeit unseren Standort kennen.

Vorbereitung. Gewöhnlich bereiten wir eine Tour vor und beschaffen uns dafür die nötigen Karten. Wenn nicht schon spezielle Wanderwege darin eingetragen sind, suchen wir uns eine günstige Route aus, evtl. nach Routenbeschreibungen. Ein wichtiger Faktor ist dabei die Planung der Zeit.

Gehzeit. Als Faustregel rechnen wir eine Stunde für: 4 km Weg oder 300 m Steigung oder 600 m Abwärtsweg.
Wir ermitteln die Gesamtzeit von Distanz und Höhendifferenz so, dass wir die kürzere Zeit halbieren und dazuzählen.
Beispiel: Distanz 18 km = 4h30′, Steigung 400 m = 1h 20′.
Zusammen 4h30′ + 40′ = 5h10′ Gesamtzeit.
Eine Steigung von ca. 15% kann als ideal angesehen werden. Zum Vergleich: die Passstrassen in den Alpen haben zwischen 10 und 18% Steigung.
Die Gehzeiten sind bei den Wanderwegen und im Führer ohnehin angeschrieben. Alles sind aber nur Richtzeiten. Unsere individuellen Werte können wir nur durch Erfah-

rung finden. Vergessen wir nicht, genügend Rastzeit einzuplanen; auch die Musse soll nicht zu kurz kommen.

Gruppenwanderung. Wenn wir alleine wandern, ist es sehr reizvoll, einmal alles dem «Zufall» zu überlassen. Sobald wir aber eine Gruppe führen, übernehmen wir viel Verantwortung. Eine Gruppenwanderung sollten wir gut vorbereiten, und die ganze Strecke vorher rekognoszieren. Bei der Routenwahl und dem Zeitplan richten wir die Anforderungen nach den Langsamsten. Auch geeignete Rastplätze und Übernachtungen planen wir ein. Besichtigungen melden wir vorher an, damit wir nicht vor verschlossenen Türen stehen.
Nun zeichnen wir die gewählte Route in die Karte ein. Wir markieren kritische Punkte, wo wir aufmerksam sein müssen, um den Weg nicht zu verlieren. Gefahrenstellen müssen wir rechtzeitig anzeigen. Übrigens: Eine ideale Wanderleitung ist die, welche man kaum bemerkt!

Eingabeln. Wichtig ist beim Kartenlesen, dass wir *vom Grossen ins Kleine* gehen = eingabeln. So, wie wir zuerst den Wald und nachher erst die einzelnen Bäume sehen, so beachten wir zuerst die grossen Geländeformen und -linien. Erst nach dieser «Groborientierung» gehen wir zu den Details über. Diese sind natürlich auch wichtig. Wenn wir aber beim Kartenlesen mit den Details beginnen, können wir uns leicht in ihnen verstricken und den Überblick verlieren. Das Eingabeln ist, besonders auch wenn wir uns verirrt haben, sehr hilfreich.

Leitlinie. Ohne Wege finden wir nun andere Geländelinien, von denen wir uns leiten lassen: Ein Bächlein, ein Felsband, eine waagrechte Hangtraverse parallel zur Höhenlinie usw. Solche Leitlinien verfolgen wir dann eine Zeit lang, bis diese von einer zweiten Linie in einem auffälligen Winkel gekreuzt werden. Diese Linie heisst

Auffanglinie. Es ist eine Geländelinie, die in etwa quer zu unserer Marschrichtung verläuft. Sie kann gebildet werden durch einen Weg, eine Strasse, ein Bach, ein Bord, ein

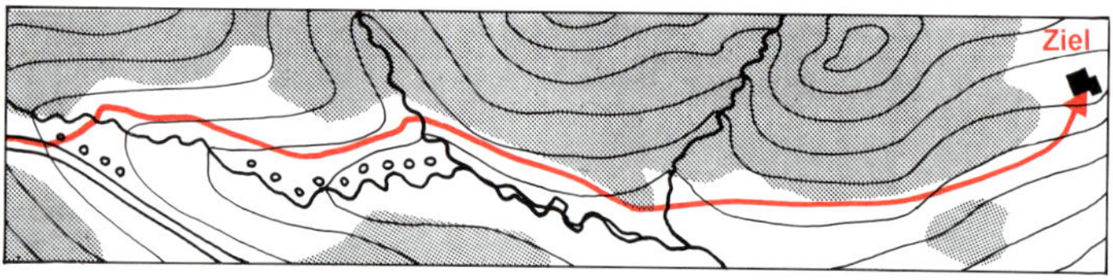

Abb. 23: Leitlinien helfen uns, auf sicherem Weg zum Ziel zu kommen.

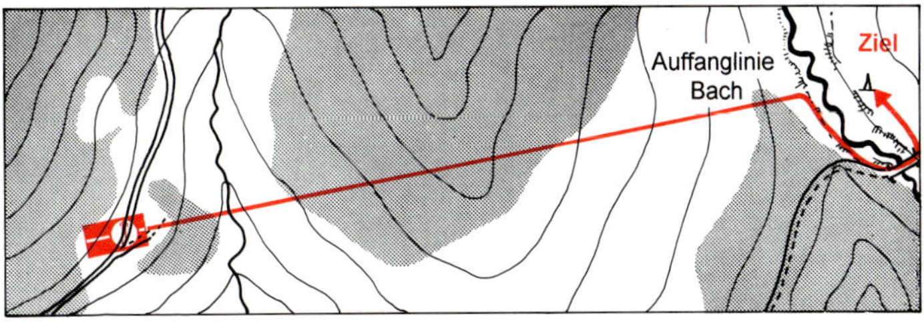

Abb. 24: Auffanglinien helfen uns, das Ziel zu orten und nicht darüber hinauszugehen. Das Ziel kann auch vor oder hinter der Linie liegen.

Waldrand usw. Wir haben diese Linie schon vorher auf der Karte geortet und wollen nun zunächst bis dorthin kommen – uns quasi von ihr auffangen lassen. An der Auffanglinie, davor oder dahinter, haben wir nun wieder einen zweifelsfreien Wegpunkt und können von dort aus weiter gehen.

Wanderkunst. Es gibt kaum etwas Schöneres, als so zu wandern: Einen Plan vor Augen, sich aber dabei immer wieder von der Natur leiten zu lassen und alle Überraschungen einfach so entgegenzunehmen. Es bedingt lediglich, dass wir den Umgang mit Karte und Kompass so gut geübt haben, dass wir diese Hilfsmittel jederzeit sinnvoll anwenden können, ohne je deren Sklave zu werden. So kann Wandern heute zu einer Kunst werden, die uns wertvolle Selbsterfahrung, aber auch echte Entspannung vermittelt.

12 Regeln für erfreuliches Kartenwandern:
- Karte vorher anschauen; sich das Gelände schon etwas vorstellen.
- Sich den Verkleinerungsmassstab und damit den Generalisierungsgrad bewusst machen.
- Karte ins Gelände einordnen.
- Standort bestimmen, wenn nicht schon klar.
- Was ist auf der Karte sichtbar; nicht aber im Gelände?
- Geländeformen, nicht nur Bodenbedeckung, beachten.
- Weg auf der Karte ständig verfolgen.
- Bei Nacht oder Nebel Einzelheiten am Weg beachten.
- Erkennungspunkte wie Brücken, Wegkreuzungen usw. besonders beachten.
- Sich die Himmelsrichtungen vergegenwärtigen, besonders beim Verlassen von Wäldern und Ortschaften.
- Eingabeln = von Grossformen ausgehen; erst später auf Einzelheiten eingehen.
- Nicht nur auf die Hilfsmittel, sondern auch auf die eigene Vernunft vertrauen.

Der Kompass

Der Erdmagnetismus

Unsichtbare Kraft. Die magnetische Kraft ist unsichtbar. Sie manifestiert sich erst, wenn ein Magnet z. B. einen eisernen Nagel anzieht. Diese Anziehungskraft wirkt auch durch nichtmagnetische Materialien, wie Holz, Papier oder – was für uns wichtig ist – durch das Erdreich hindurch.

Magnetlinien. Jeder Magnet hat zwei Pole (Dipol). Sie werden *Nord- und Südpol* genannt. Zwischen diesen beiden Polen zeigt sich eine Anziehungskraft, die wir ganz einfach sichtbar machen können:
Wir legen auf einen Magneten ein Papier und streuen kleine Eisenspäne drauf. Diese beginnen sich sofort in gebogene Linien einzuordnen, die sich von einem Pol des Magneten zum anderen ziehen. Bei den Polen stehen sie wie Stacheln in die Luft. Das zeigt, dass die magnetische Kraft räumlich ist und die Linien auch über dem Papier weiterführen. Dieser einfache Versuch beweist, dass um jeden Magneten herum ein Kraftfeld ist, das *Magnetfeld*.

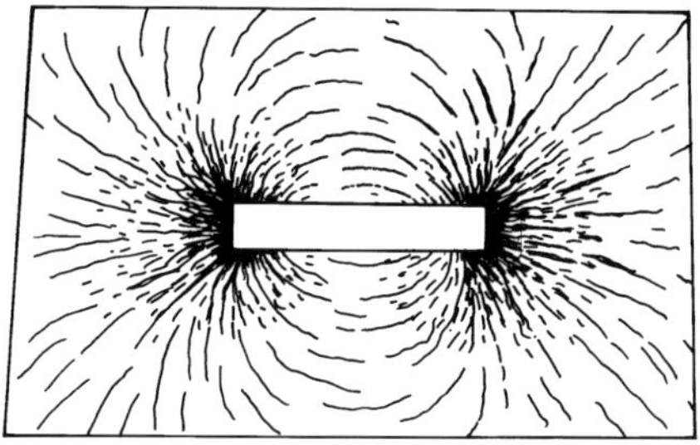

Abb. 25: Die Feldlinien eines Stabmagneten. Die Eisenspäne ordnen sich zu zu Linien, welche die magnetische Kraft eindrücklich demonstrieren.

Magnetfeld der Erde. Unsere Erde verhält sich wie ein grosser Magnet: Sie ist umhüllt von einem Magnetfeld, welches in zwei Polen mündet. Seit dem Beginn der Weltraumtechnik erforscht man dieses Feld auch aus dem Orbit. Was sich aber in der Erde drin abspielt, ist noch weitgehend im Dunkeln. Als Modellvorstellung können wir uns denken, dass ein grosser Stabmagnet in der Erde verborgen ist. Dieser liegt aber nicht auf der Drehachse der Erde. Folglich – und das ist für uns besonders wichtig – liegen seine Pole auch nicht auf den geografischen Polen der Erde (s. Missweisung).

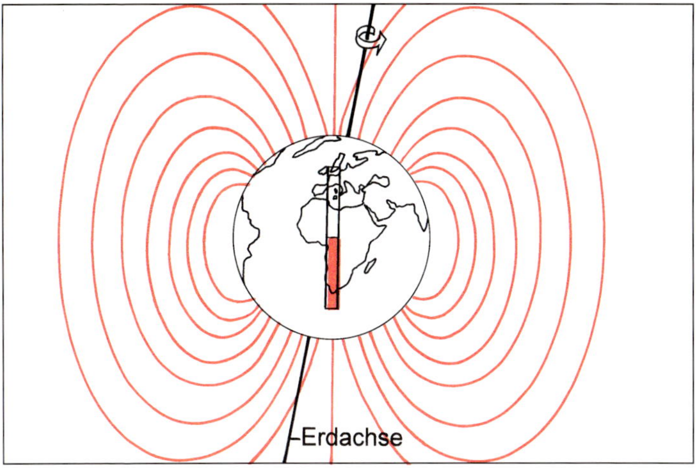

Abb. 26: Das magnetische Kraftfeld der Erde. Die Pole eines innerhalb der Erde gedachten Magneten liegen nicht auf der Drehachse der Erde. Deshalb zeigt der Magnetkompass nicht überall auf den geografischen Pol.

Die Geografen gehen heute davon aus, dass die zähflüssigen stark eisenhaltigen Schichten im äusseren Kern der Erde sich gegenüber den daran angrenzenden Schichten des Mantels in einer Konvektions-Strömung (Umwälzung) bewegen. Dadurch erzeugen sie – wie der Dynamo – einen Gleichstrom. Dieser soll dann das Magnetfeld aufbauen. Ein kleiner Anteil des Magnetfeldes entfällt auch auf elektrische Ladungen in der Erdatmosphäre sowie auf örtliche Ansammlungen von stark magnetischem Gestein in der Erdkruste.

Nord-Süd-Weisung. Alle magnetischen Gegenstände richten sich auf das Erdmagnetfeld aus. So ist z. B. auch ein eisernes Geländer, das ungefähr in Nord-Süd-Richtung steht, an seinen beiden Enden magnetisch polarisiert. Mit unserem Kompass können wir dies sogar überprüfen: Halten wir ihn nacheinander an beide Enden des Eisengitters, zeigt einmal das Nordende, das andere Mal das Südende der Kompassnadel zum Eisen. Näher als ca. 3 cm sollten wir den Kompass aber nicht ans Eisen halten. Versuche mit Magneten unterlassen wir ganz. Die Kompassnadel ist sehr empfindlich und könnte dabei umgepolt werden.

Deviation. Wir sehen also, dass der Kompass auf grössere eiserne Gegenstände reagiert und nicht mehr seinen eigentlichen Zweck, die Nordweisung, erfüllen kann. Diese – ungewollte – Ablenkung heisst Deviation. Bei Schiffen und Flugzeugen muss die Deviation, die durch die eisernen Teile bewirkt wird, beim Einbau des Magnetkompasses entsprechend kompensiert werden.

Wir dürfen also nie mit dem Kompass in der Nähe von grösseren Eisenmassen (Schachtdeckeln usw.) arbeiten. Auch Ausrüstungsgegenstände aus Eisen oder Stahl (Eispickel), sowie elektromagnetische Felder (Hochspannungsleitungen usw.) bewirken eine Deviation.

Prinzip des Kompasses. Hängen wir ein längeres Eisenstück, z. B. eine Reckstange, an einem Baumast auf, so pendelt es sich nach einiger Zeit in die Nord-Süd-Richtung ein. Viel eindeutiger verhält sich ein Stabmagnet, der an einem Faden aufgehängt ist. Er ordnet sich rasch in das Magnetfeld der Erde ein und zeigt klar die Richtung zu den Polen an. Das ist nun bereits eine Art Kompass.

Magnetnadel. Beim Kompass besteht der Stabmagnet aus einer kleinen, an beiden Enden zugespitzten und drehbar gelagerten, magnetisierten *«Nadel»*, deren Nordseite speziell, meist mit roter Farbe, bezeichnet ist.

Der Kompass ist in Europa seit dem 12. Jh. bekannt. Von arabischen Kaufleuten soll er nach Süditalien gebracht worden sein. In China soll er aber schon etwa 1000 v. Chr. bekannt gewesen sein. Wissenschaftlich erforscht und beschrieben hat den Kompass im Zusammenhang mit dem Erdmagnetismus erstmals der englische Hofarzt William Gilbert im 16. Jh.
Vorher beschränkten sich die Seefahrer Europas auf die Orientierung nach den Küsten und nachts nach den Sternen.

Die magnetischen Pole. Das physikalische Prinzip des Magneten beruht auf der gegenseitigen Anziehung der ungleichnamigen und auf der Abstossung der gleichnamigen Pole. Ein Nordpol zieht also immer einen Südpol an und umgekehrt. Weil man aber den nach Nord weisenden Nadelteil Nordspitze nannte, müsste man konsequenterweise sagen, dass der Magnetpol im Norden eigentlich einen Südpol darstellt. Das ist aber nur eine Frage der Benennung, die uns hier nicht weiter zu kümmern braucht.

Die Missweisung

Viel wichtiger ist, dass der magnetische Pol *nicht am gleichen Ort* liegt wie der geografische, der Drehpol der Erde. Das könnte verwundern. Doch kennt man dieses Problem der Missweisung seit der Erfindung des Kompasses.

Kolumbus bediente sich auf seiner mutigen Fahrt über den offenen Ozean noch der alten Orientierungshilfen: Winkelmessungen der Sterne für die Nord-Süd-Bewegung und Zeitvergleich des Sonnenstandes mit der Sanduhr für die Ost-West-Bewegung seiner Schiffe. Er hatte aber bereits einen Magnetkompass an Bord und bemerkte als einer der ersten die Missweisung.

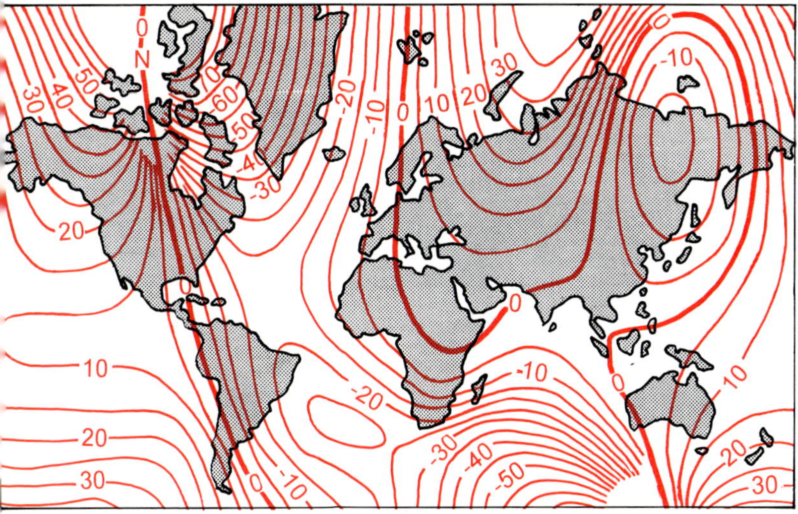

Abb. 27: Karte der Deklination für 2001. Die Isogonen sind Linien des gleichen Deklinations-Winkels (Linienabstand 5°). – = westliche, + (ohne Vorzeichen) = östliche Deklination. Die Magnetnadel zeigt nicht auf den magnetischen Pol, sondern richtet sich nach dem örtlichen Magnetfeld, das aus dieser Karte ersichtlich ist. Die Null-Linie wandert gegenwärtig in Mitteleuropa mit einer durchschnittlichen Geschwindigkeit von 5 km pro Jahr nach Westen.

Die magnetischen Pole sind – wie so manches auf unserer scheinbar festen Erde – nicht stationär. Durch die geologische Untersuchung der Ozeanböden hat man sogar festgestellt, dass diese Pole in vorgeschichtlicher Zeit recht weit gewandert sind und dass sie sogar etliche Male umgepolt worden sind (Nord und Süd vertauscht). Heute befindet sich der magnetische Pol im Norden etwa 1500 km vom geografischen Pol entfernt auf den Sverdrup-Inseln in Nord-Kanada 81°N 105°W. Seit 1948 ist er über 400 km nordwärts gewandert. Der südliche Magnetpol liegt unter dem Eis vor Adelie-Land 64°S 139°E (2001).

Deklination. Den Winkel zwischen der geografischen und der örtlich bedingten magnetischen Nordrichtung nennt man *Deklination* (engl. Magnetic Variation). Auf der Zeichnung sehen wir die *Isogonen* (iso = gleich; gon = Winkel). Das sind die Linien gleicher Deklination, auf welchen also die Magnetnadel der gleichen Abweichung unterliegt. Auch diese verlaufen nicht regelmässig. Die Isogonen zeigen jeweils den Wert der Nadelabweichung von geografisch Nord nach West (minus) und Ost (plus). Wir müssen also, wenn wir mit unserem Magnetkompass

geografisch Nord bestimmen, die Deklination in diesem Gebiet kennen und korrigieren, falls sie zu gross ist.
Für genaue Kompasspeilungen muss die Kompassnadel mit der Deklinationsmarke oder «Nordmarke», wie sie im Folgenden genannt wird, zur Deckung gebracht werden.
Sind wir in einem Gebiet mit grösserer Abweichung, müssen wir entweder den Kompass korrigieren oder den Deklinationswinkel zu- oder abrechnen. Es gibt ausserdem auch noch einige Gebiete mit magnetischen Anomalien. Vorübergehend können auch starke Störungen, die man als «magnetische Stürme» bezeichnet, auftreten. Sie stehen immer im Zusammenhang mit einer erhöhten Sonnenflecken-Tätigkeit.

Deklinations-Werte. Innerhalb Mitteleuropas ist die Deklination gegenwärtig nicht sehr gross (unter 5°), sodass wir sie vernachlässigen können.
Es genügt, wenn wir die Nadel auf Nord einpendeln lassen. Für Weltreisende gibt es aber auch Modelle mit verstellbarer Deklinationsmarke und der speziellen Nadelaufhängung (s.Inklination).

Der Deklinationswinkel beträgt (2001):
minus = westliche Deklination
plus (ohne Vorzeichen) = östliche Deklination

Reykjavik IS	– 20°	Ankara TR	4°
Thule DKG	– 66°	Nowosibirsk RUS	8°
London GB	– 4°	Dehli IND	0°
Madrid E	– 4°	Peking VRC	– 6°
Oslo N	0°	Tokyo J	– 7°
Hammerfest N	7°	Ust Kamtschatsk RUS	– 4°
Stockholm S	3°	Fort Jukon USA	–14°
Hamburg D	0°	Los Angeles USA	14°
Marseille F	– 1°	Philadelphia USA	–12°
Basel CH	– 1°	Montevideo U	– 8°
Bern CH	– 1°	Dakar SN	–11°
München D	0°	Kapstadt ZA	–23°
Wien A	2°	Kairo ET	3°
Warschau PL	3°	Bangkok ZHA	– 1°
Moskau RUS	9°	Perth AUS	– 3°
Athen GR	3°	Sydney AUS	13°

Wenn wir bedenken, dass uns eine Abweichung von 5° auf 100 m etwa 10 m neben das Ziel bringt, so ist das nicht weiter schlimm. Gewöhnlich messen wir ja auch nicht absolut genau. Wenn sich aber zu grosse Fehler einschleichen oder bei längeren Strecken fällt die Abweichung schon eher ins Gewicht. Daraus folgern wir zweierlei:

- *Kompassstrecken möglichst kurz halten.*
- *Ständig auch Karte mit Gelände vergleichen.*

Deklinations-Korrektur. Das vor der Zahl stehende Minuszeichen (-) sagt uns, dass die Deklination westlich ist. Ohne Vorzeichen (+) ist sie östlich. Wann müssen wir aber zu- oder abzählen? Wenn wir einen Kartenwinkel aufs Gelände übertragen, müssen wir den westlichen Deklinationswert hinzuzählen, den östlichen aber abziehen. Übertragen wir jedoch einen Geländewinkel auf die Karte, verfahren wir umgekehrt! Warum? Wenn wir nämlich einen Punkt im Gelände anpeilen, dann ist ja der positive oder negative Wert schon im Winkel, den wir ermittelt haben, enthalten. Also müssen wir ihn durch Zu- oder Abzählen wieder kompensieren. Zur besseren Übersicht:

Von Karte ins Gelände:	westliche Deklination zuzählen, östliche Deklination abziehen.
Vom Gelände auf Karte:	westliche Deklination abziehen, östliche Deklination zuzählen.

Diese rechnerische Methode ist begreiflicherweise nicht jedermanns Sache. Verwechseln wir nämlich plus mit minus, sind wir gleich um dem doppelten Wert daneben! Aus diesem Grunde gibt es auch Kompasse, die eine

Verstellbare Nordmarke haben. An der Dose befindet sich eine kleine Stellschraube, mit der wir die Nordmarke um den jeweiligen Wert nach West oder nach Ost gegenüber der Skala und den Nordlinien verstellen können. Diesen Kompass können wir auch in anderen Zonen der Erde brauchen, sofern die Inklination kompensiert wird.

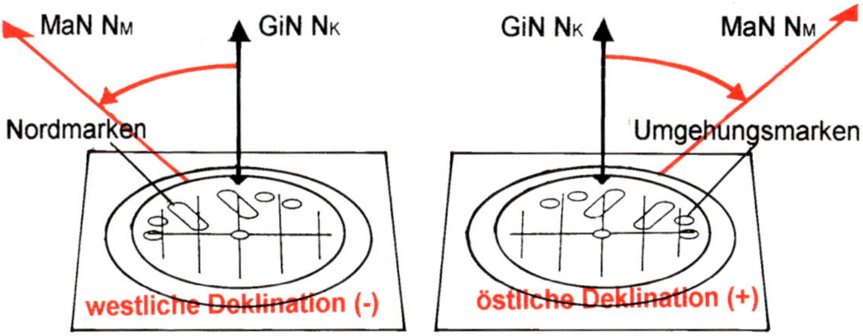

Abb. 28: Deklinationskorrektur am Kompass. Verstellt werden die Nord- und Umgehungsmarken gegenüber den Nord-Süd-Linien der Kompassdose. Die Abbildung zeigt die beiden Einstellungen von oben: links bei westlicher (–) und rechts bei östlicher (+) Deklination. Die Schraube befindet sich unten.

Korrektur am Kompass. Wir können den Wert der Deklination selber mit dem Kompass ermitteln:
1. Anhand der Karte mit Kartenwinkel und Geländewinkel: Wir wählen auf der Karte ein möglichst weit – ca. 5 km –

entferntes klar erkennbares Geländeziel und verbinden es durch eine Bleistiftlinie mit unserem – ebenfalls klar erkannten – Standort. Dann messen wir mit dem Kompass diesen Kartenwinkel, indem wir die Dose drehen, bis ihre Nordstriche parallel zu denen der Karte liegen. Den Winkel lesen wir an der Nordmarke ab. Nun visieren wir den Punkt im Gelände an und drehen die Dose bis die Nadel auf Nord (0°) zeigt. So erhalten wir den *Geländewinkel*. Die Differenz dieser beiden Winkel ist die genaue örtliche Deklination (s. Abschnitt: Messen mit dem Kompass).
Ist der Kartenwinkel kleiner als der Geländewinkel, müssen wir die Nordmarke nach West verschieben oder den Deklinationswert jeweils abrechnen – oder umgekehrt.
Bei allen Karten, auf denen *magnetisch Nord* (s. dort), aufgedruckt ist, können wir die Marke danach korrigieren. Auf anderen Karten finden wir am Rand den Deklinationswinkel samt jährlicher Zu- oder Abnahme angegeben. In den OL-Karten ist die örtliche Deklination schon berücksichtigt, sodass sich eine Korrektur erübrigt.
2. Nach dem Polarstern: Da der Polarstern ziemlich genau im Norden steht, können wir ihn anpeilen und die Nordmarke nach der Nadel verstellen. Am besten senkeln wir mit der Kompassschnur zuerst einen Nordpunkt am Horizont, damit wir den Kompass waagrecht halten können zum Peilen. Wir drehen jetzt an der Schraube, bis die Nadel in der Nordmarke liegt.
3. Nach der Sonne: Auf dem Höhepunkt ihres Tagesbogens am Mittag (Kulminationspunkt) steht die Sonne im Süden. Am Schatten eines senkrecht in den waagrechten Boden gesteckten Stabes können wir den Sonnenhöchststand und damit die Nordrichtung ermitteln. Ist der Schatten am kürzesten, so zeigt er nach Norden.
Die Zeit des Sonnenhöchststandes variiert im Jahreslauf. Die mittlere Ortszeit (MOZ), die nach der Mittagslinie, dem Meridian gerechnet wird, und die wahre Ortszeit (WOZ, Sonnenhöchststand) sind nur an einigen Tagen im Jahr genau identisch. Somit ist diese Methode schwierig.
Am 21. März und am 23. September geht die Sonne auf horizontal gleicher Höhe genau im Osten auf und im Westen unter. Bezieht man je eine Viertelsdrehung ein, kann man um 6 oder 18 h sehr gut nach der Sonne visieren.

Inklination bezeichnet den Winkel, mit dem die Feldlinien ins Erdinnere eintauchen oder austreten. Wir können sie mit einer senkrecht schwingenden Nadel auf waagrechter Achse, der sog. Inklinationsnadel, messen.
Wenn die Spitze der Inklinations-Nadel senkrecht nach unten zeigt (90° zur Erdoberfläche oder zur Senkrechten auf dem Erdradius), befinden wir uns am magnetischen Pol.

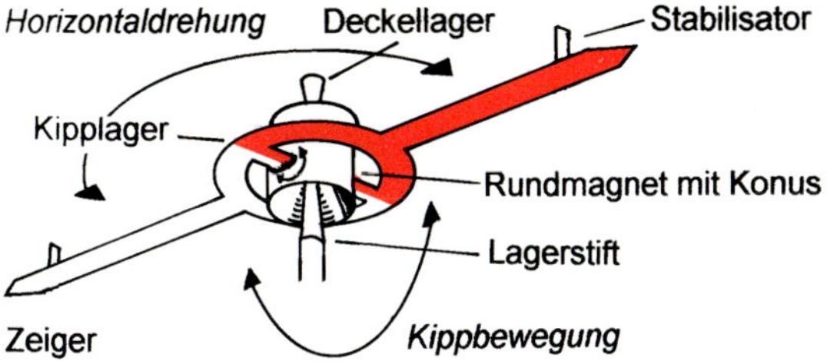

Abb. 29: Das neue Kompasssystem von Recta «Universal Global Nadel System», das den Kompass weltweit ortsunabhängig macht. Ein Rundmagnet bringt den nichtmagnetischen Zeiger rasch und sicher in die richtige Position. Das inklinationsbedingte Kippen des Magneten hat keinen Einfluss mehr auf den Zeiger.

Der Inklinationswinkel beträgt in:

Reykjavik IS	76°	Bern CH	63°
London GB	66°	Dehli IND	43°
Oslo N	72°	Dakar SN	11°
Hammerfest N	79°	Kapstadt ZA	66°

Einfluss der Inklination. Die Inklination, dass die Nadel sich neigt und dadurch streift oder hängenbleibt, was zu Ungenauigkeiten führt. Deshalb kann man den traditionell gebauten Magnet-Kompass nur in einer beschränkten magnetischen Zone brauchen.
Bei den Recta-Kompassen mit dem «Global Sytem» sind Zeiger und Magnet getrennt, sodass die Inklination die Lage des Zeigers nicht beeinflussen kann. Der nichtmagnetische Zeiger ist mit dem starken Rundmagneten über ein Kipplager oder einen Mitnehmer verbunden und wird zwischen Kompassboden und -deckel parallel geführt. Nur der Rundmagnet ist den in Nord-Süd-Richtung wirkenden Inklinationseinflüssen ausgesetzt, der Zeiger aber nicht; er bleibt immer waagrecht.
Ein solcher Kompass, der auch eine verstellbare Nordmarke hat, arbeitet zuverlässig in allen Zonen der Erde. Wegen des starken Magneten schwingt die Nadel äusserst rasch in die richtige Position ein, was ein zweifelfreies, exaktes und schnelles Ablesen ermöglicht.

Der Bau des Kompasses

Es sind viele verschiedene Modelle im Handel. Je nach Ansprüchen schwanken auch die Preise. Zum Wandern wie auch Orientierungslaufen reicht ein gewöhnlicher *Plattenkompass*. Im Gebirge, in unwegsamem Gelände oder auf dem Boot braucht es Instrumente, mit denen man peilen oder visieren kann, sogenannte *Spiegelkompasse*.

Abb. 30: Plattenkompass. Ein Wander- und OL-Kompass mit Lupe und integriertem Klinometer. Global Nadel System. Einstellbare Deklinations-Korrektur. Die Skalen sind auf auswechselbare Selbstklebefolie gedruckt.

Plattenkompass. Er besteht aus einer transparenten Grundplatte. Darauf ist die ebenfalls durchsichtige Dose mit Skala, Marken und Nordlinien montiert. Am Rande der Platte sind Karten-Massstäbe zum Ablesen der Distanzen und ein Millimeter-Massstab angebracht. Der Richtungspfeil erleichtert richtiges Visieren, und eine integrierte Lupe hilft beim Kartenlesen. Mit dem Rand der Platte lassen sich leicht zwei Punkte auf der Karte verbinden. Genau peilen und Azimute messen kann man mit ihm aber nicht. Dieser Kompass ist auch in ganz einfacher Ausführung zu haben. Er dient sowohl beim Wandern, als auch für einfaches Arbeiten mit der Karte und gilt als «Einsteiger-Kompass».

Abb. 31: Peilkompass mit unten liegendem Spiegel und Klinometer. Global Nadel System. Einstellbare Deklinations-Korrektur.

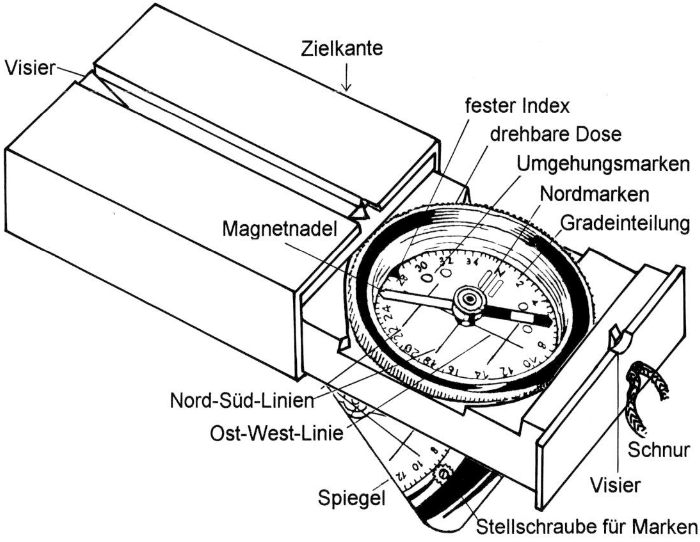

Abb. 32: Die Teile des Spiegelkompasses und wie sie im Text bezeichnet werden.

Spiegelkompass. Er eignet sich sehr gut zum Messen von Richtungen und zum Peilen. Praktisch sind die Modelle, bei denen der Spiegel nach Öffnen des Gehäuses herausklappt und im richtigen Winkel fixiert werden kann.

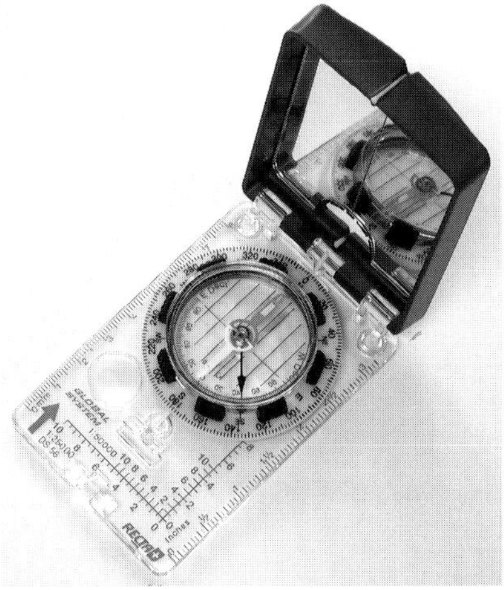

Abb. 33: Spiegelkompass mit oben liegendem Spiegel. Fluoreszierender Drehring. Global Nadel System. Einstellbare Deklinations-Korrektur.

Beim Peilen zielt man über das Deckel-Visier und blickt dazu in den Spiegel unter der Dose. Es gibt einfache Modelle bis zu solchen für vielfältige Ansprüche.
Bei einer anderen Bauart ist der Spiegel über der Dose montiert. Er ist stufenlos einstellbar, sodass man auch auf- oder abwärts visieren kann. Zwei Nachteile sind aber festzustellen: Ein wichtiger Teil des Geländes wird beim Peilen vom Spiegel verdeckt. Durch unbemerktes Verkanten (Schiefhalten) des Kompasses ergeben sich bedeutende Messfehler, weil das Visier sehr hoch über der Dose liegt. Wir müssen darauf achten, dass der Drehpunkt der Nadel genau auf der senkrechten Mittellinie des Spiegels liegt. Mit Bauarten, wo die Visierlinie möglichst nahe bei der Dosen-Ebene liegt, kann man besser peilen.

Skala. Auf der Skala sind die Anfangsbuchstaben der vier Himmelsrichtungen oder auch nur N für Nord eingetragen. Die Lage der übrigen Himmelsrichtungen sollte bekannt sein. Manchmal steht E für Ost (engl. East und franz. Est). Die Nord- und Umgehungsmarken sind besonders deutlich und oft mit Leuchtfarbe markiert. Der besseren Lesbarkeit wegen sind auf der Skala nur ein- und zweistellige Zahlen angebracht, z. B. 6 statt 60 oder 36 statt 360.
Nord-Süd-Striche, oft auch ein West-Ost-Strich helfen zum exakten Einstellen der Dose und Anlegen am Kartengitter.

Winkelteilung. Die Zahlenskala verläuft von Nord aus *im Uhrzeigersinn.* Es gibt verschiedene Einteilungen: 360° (Grad), 400 gon (Neugrad), 6400′ (Strich) oder 6400 A‰ (Artilleriepromille CH).
Seit der Babylonischen Zeit (750 v.Chr.) wird der Kreis in 360° geteilt. Diese Teilung wird auch in der Schiff- und Luftfahrt sowie in Geometrie und Astronomie verwendet. Ein Nachteil ist, dass die verschiedenen Richtungen nicht geläufig sind, z. B. 270° für West oder 135° für Süd-Ost. Bei der dezimalen Teilung (Neugrad oder gon) sind die Richtungen übersichtlicher: 300g für West 150g für Süd-Ost.
Mit welcher Gradeinteilung wir schlussendlich arbeiten, spielt im Prinzip keine Rolle, weil ja alle den gleichen Winkel in verschiedenen Teilungswerten angeben. Ich empfehle, beim Kauf die altbewährte 360-Grad-Einteilung zu wählen, weil man damit am besten rechnen kann.

Die wichtigsten Winkelwerte der vier Himmelsrichtungen:

Teilung	Benennung	Nord	Ost	Süd	West
360°	Grad	0	90	180	270
400 gon	Neugrad	0	100	200	300
6400′ (A‰)	Strich (Art.prom.)	0	1600	3200	4800

Grad°	gon g
1	1,11
2	2,225
3	3,33
5	5,55
10	11,11
20	22,22
30	33,33
45	**50**
50	55,55
60	66,66
90	**100**
100	111,11
180	**200**
270	**300**
360	**400**

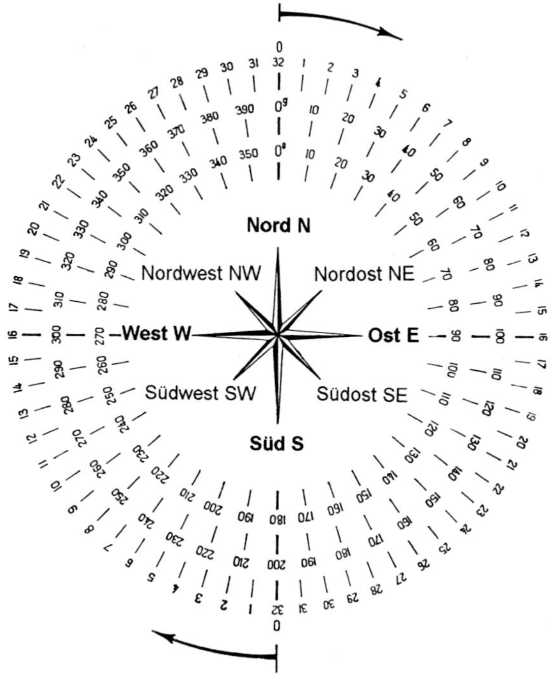

Abb. 34: Umrechnungstabelle: Grad und gon. Windrose mit gebräuchlichen Winkelteilungen. Von innen nach aussen:

- Grad, 360°, sexagesimale Teilung
- gon, Neugrad, 400 g, zentesimale Teilung
- Artilleriepromille, 6400 A ‰ (2 × 3200)

Kauf des Kompasses. Was müssen wir beim Kauf bedenken? Die Abbildungen zeigen die gebräuchlichen Typen; einfachheitshalber nur die Produkte der Schweizer Firma Recta. Es gibt aber auch viele andere Marken wie Silva, Eschenbach, Suunto usw., die sich zwar in Details, aber nicht prinzipiell unterscheiden. Lassen Sie sich die verschiedenen Kompasse im Fachgeschäft zeigen.

Zuerst müssen wir uns über unsere Bedürfnisse klar werden und überlegen, für welche Zwecke wir den Kompass gebrauchen wollen. Wenn wir die Richtung nur aus dem Handgelenk bestimmen wollen, ist ein einfacher Plattenkompass das Richtige. Er genügt für Wanderungen nach der Karte vorwiegend auf Wegen sowie für den Orientierungslauf, also für *kurze Kompassstrecken.*

Für anspruchsvollere Wanderungen, im Gebirge, für Kletter- oder Skitouren und für *längere Kompassstrecken* brauchen wir schon einen Spiegelkompass. Zum Segeln oder genauen Peilen braucht man einen Peilkompass mit eingebauter Prismenoptik (Sitometer; S. 64). Ein solches Instrument kann sogar in der Feldvermessung eingesetzt werden. Wer hohe Ansprüche punkto Genauigkeit und Vielseitigkeit an einen Kompass stellt, wird für ein solches Spitzenmodell auch tiefer in die Tasche greifen.

Kriterien der Wahl. Wie wir wissen, «sitzt der Teufel im Detail». Die wichtigsten Kriterien für einen gut brauchbaren Kompass sind hier noch einmal aufgezählt:

- Kompassdose durchsichtig und drehbar.
- Auf dem Dosenboden brauchen wir Nord-Süd-Linien.
- Rechteckförmige(s) Grundplatte oder Gehäuse.
- Anlegekante genügend lang (nicht unter ca. 10 cm).
- Skala gut ablesbar.
- Nadelspitze, Marken und Visier mit Leuchtfarbe.
- Nadelkanten parallel, nicht konisch.
- Nadel durch eine Flüssigkeit gedämpft.
- Kurze Einschwing-Zeit der Nadel.
- Nadel darf bei leichter Schräglage nicht blockieren.
- Rutschfeste Unterseite.
- Schnur oder Möglichkeit zum Anbinden.
- Handlichkeit, gut in Tasche passend.
- Geringes Gewicht.
- Robuste, möglichst kratzfeste Bauart.
- Hersteller-Garantie bei teuren Modellen.

Nicht zu empfehlen sind Kompasse:
- mit rundem Gehäuse;
- mit Visier, über das mit Linsen gepeilt wird.

Orientieren mit dem Kompass

Bei Nebel, Dunkelheit oder mangelnder Geländeübersicht genügt die Orientierung nach der Karte allein nicht mehr. Da wird der Gebrauch des Kompasses zwingend. Voraussetzung ist, dass wir unseren Standort kennen.
Fast bei allen Anwendungen hat der Kompass die gleiche Funktion: *Wir messen mit ihm einen Winkel* zwischen zwei Richtungen.

Bestimmen der Himmelsrichtungen. Wollen wir die Himmelsrichtungen im Gelände bestimmen, stellen wir die Kompassdose so ein, dass Null (Nord) am Index liegt. Nun halten wir den Kompass auf Gurthöhe und drehen uns solange um die eigene Achse, bis die Nordspitze der Nadel in den Nordmarken liegt. Jetzt heben wir den Blick und merken uns am Horizont die Stelle, wo Norden liegt. Für andere Himmelsrichtungen drehen wir erst die Dose entsprechend und verfahren dann gleich.

Visieren. Noch genauer wird die Orientierung, wenn wir mit dem Spiegelkompass visieren. Wir drehen die Dose so, dass Norden am Index liegt. Dann klappen wir den Spiegel auf und halten den Kompass auf Augenhöhe. In dieser Stellung drehen wir uns um unsere Körperachse und beobachten dabei im Spiegel die Nadel. Wenn ihre Nordseite genau in den Nordmarken liegt, schauen wir – ohne den Kopf zu bewegen – mit einem Auge über die Visiervorrichtung und merken uns einen markanten Ort am Horizont oder in der weiteren Umgebung. Wir wissen jetzt, dass in dieser Richtung Norden liegt. So lassen sich natürlich auch alle anderen Himmelsrichtungen bestimmen, wenn wir diese vorher mit der Dose einstellen.

Azimut. Diesen Vorgang können wir aber auch umkehren: Wir peilen mit dem Kompass einen bestimmten Punkt im Gelände an. Dann drehen wir – ohne unsere Haltung zu verändern – die Dose so lange, bis das Nordende der Nadel in der Nordmarke liegt. Nun können wir auf der Dose eine Zahl ablesen. Das ist das *Azimut*, in Deutschland auch *Marschzahl* genannt. Diese Zahl gibt uns an, wie gross der Winkel zwischen unserer Peilung und der Nordrichtung ist (im Uhrzeigersinn gemessen).
Visieren und Azimutmessen müssen übrigens speziell geübt werden, wenn man genaue Resultate erzielen will. Die Haltung mit dem fast ausgestreckten Arm für den Kompass und dem Übergreifen des anderen Armes zum Drehen der Dose ist schwierig. Dazu soll man noch eine ruhige Haltung bewahren, ohne zu verwackeln. Das kann vermutlich niemand auf Anhieb. Beim Üben gewöhnen wir uns auch an, den Blick mehrmals und wiederholt schnell über die Peilvorrichtung und in den Spiegel zu richten, bis wir sicher sind, dass unsere Messung stimmt.

Einordnen der Karte

Nordorientieren. Wenn wir die Karte im Gelände lesen wollen, müssen wir sie zuerst so drehen, dass sie mit der Landschaft *richtungsgleich* liegt. Wir nennen es: Einordnen, Nordorientieren oder einfach Norden der Karte. Das können wir ganz einfach durch den Vergleich von Gelände und Karte (s. dort). Genauer und eindeutiger ordnen wir die Karte aber mit dem Kompass ein:

- Dose auf Null am Index stellen
- Kompass mit der Zielkante an senkrechte Koordinate (CH); an Gitter-Nord oder selbstgezogener Meridianlinie in Kartenmitte (D) anlegen.

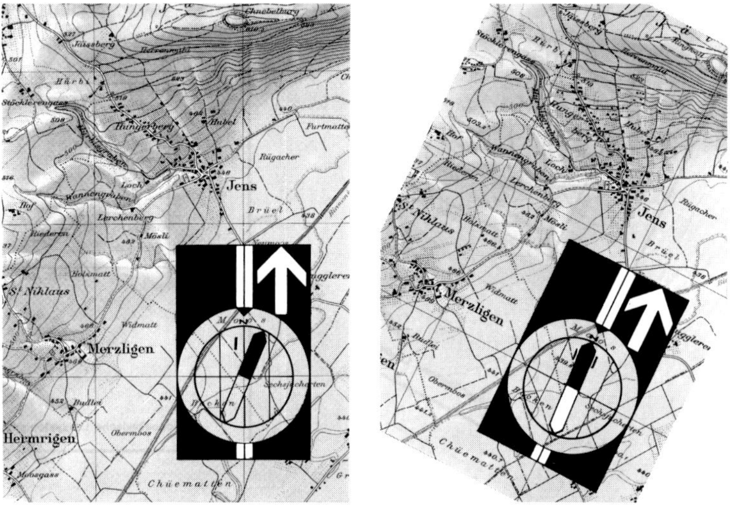

Abb. 35: Einordnen oder «norden» der Karte mittels Kompass. a) Kompass auf Karte Nordstriche der nordgerichteten Dose parallel zu Karten-Nordlinien. b) Karte mit Kompass drehen, bis Nadel in den Nordmarken.

– Karte mit dem daraufliegenden Kompass sorgfältig drehen bis die Nordseite der Nadel in der Nordmarke liegt. Jetzt ist die Karte genau nach Nord eingeordnet.

Es gibt hin und wieder auch Karten, bei welchen Norden nicht oben ist. In diesen Fällen ist aber ein Nordpfeil eingezeichnet, an dem wir dann unseren Kompass anlegen.

Messen mit dem Kompass

Magnetische Nordrichtung. Die *erste Richtung* ist die magnetische Nordrichtung, welche uns die Nadel weist. Dosennord des Kompasses zeigt nach Norden, wenn die Nadelspitze in den Nordmarken liegt.

Zielrichtung. Die *zweite Richtung* weist zum Ziel; das ist die Zielrichtung und zugleich unsere Marschrichtung. Sie kann abgelesen werden im Visier, an der Zielkante oder am Richtungspfeil des Kompasses.

Unser Standort ist der Schnittpunkt dieser beiden Richtungen, der Nord- und der Ziellinie.

Mit dem Kompass messen wir den Winkel zwischen der Nordrichtung und der Ziellinie. Er heisst Richtungswinkel oder Azimut.

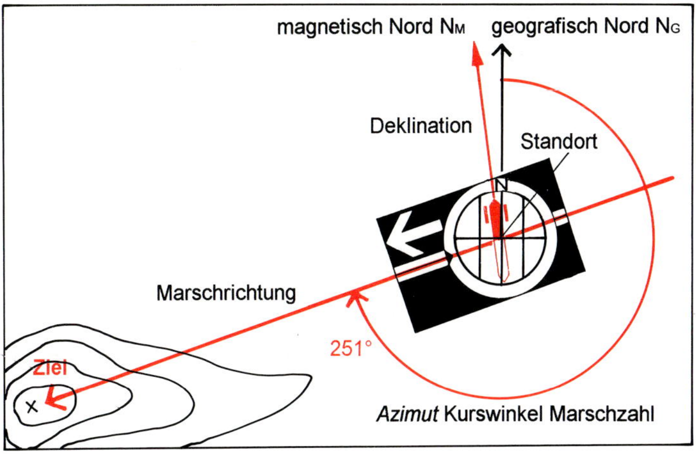

Abb. 36: Messen des Winkels zwischen geografisch Nord und der Ziel- oder Marschrichtung. In der Abbildung ist ein Deklinationswinkel berücksichtigt. Das Azimut, auch Marschzahl oder Kurswinkel genannt, wird immer in Uhrzeigerrichtung gemessen.

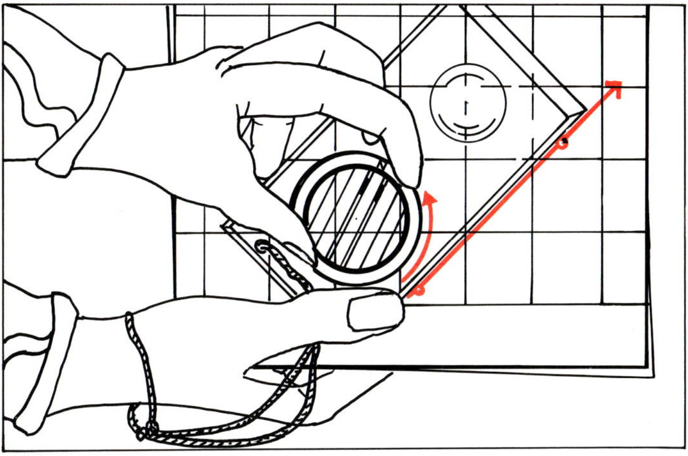

Abb. 37: Haltung von Karte und Kompass beim Einstellen des Azimuts.

Auf den folgenden Seiten werden die vier *elementaren Handgriffe mit Karte und Kompass* systematisch dargestellt. Sie dienen zwei *Grundanwendungen,* die in der Praxis immer wieder vorkommen.

Vier Handgriffe

Trotz aller möglichen Anwendungen brauchen wir immer wieder die gleichen *vier Handgriffe*.

Von der Karte ins Gelände:

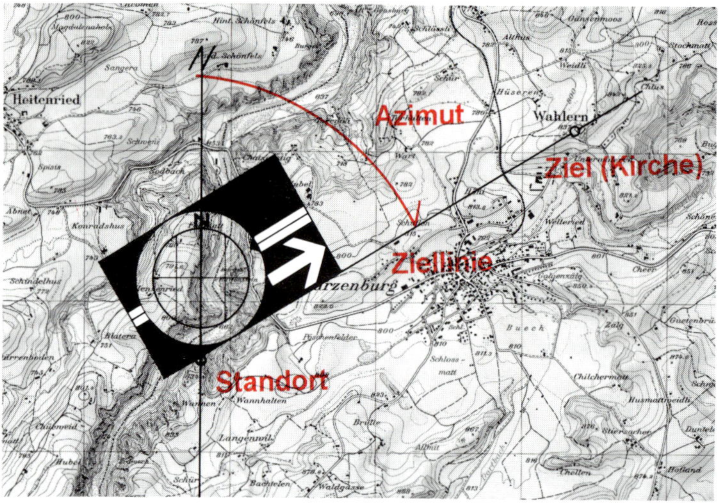

Handgriff 1: (A) Wir messen ein Azimut auf der Karte. Die Kompassnadel beachten wir nicht (Abb. 38).

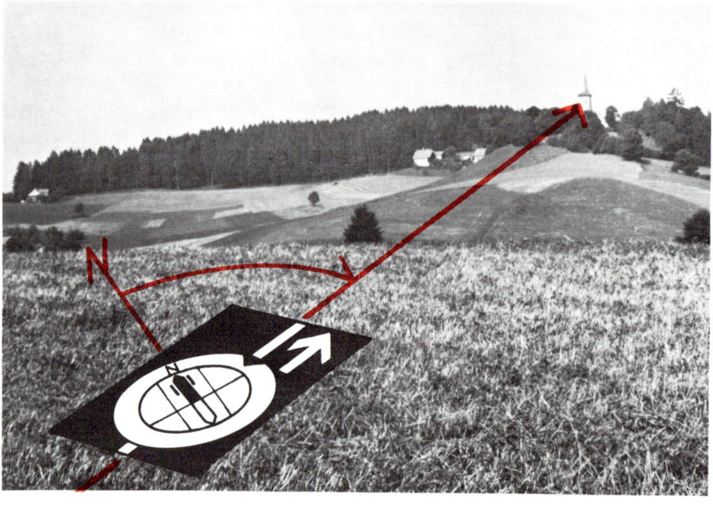

Handgriff 2: (A) Wir übertragen das mit Handgriff 1 gemessene Azimut in die Landschaft (Abb. 39).

Sie werden hier kurz beschrieben und im weiteren nach ihrer Nummer benannt. Wenn wir diese Handgriffe gut eingeübt haben, können wir sie auch in kniffligen Situationen souverän anwenden.

Vom Gelände auf die Karte:

Handgriff 3: (B) Wir messen das Azimut im Gelände mit dem Kompass (Abb. 40).

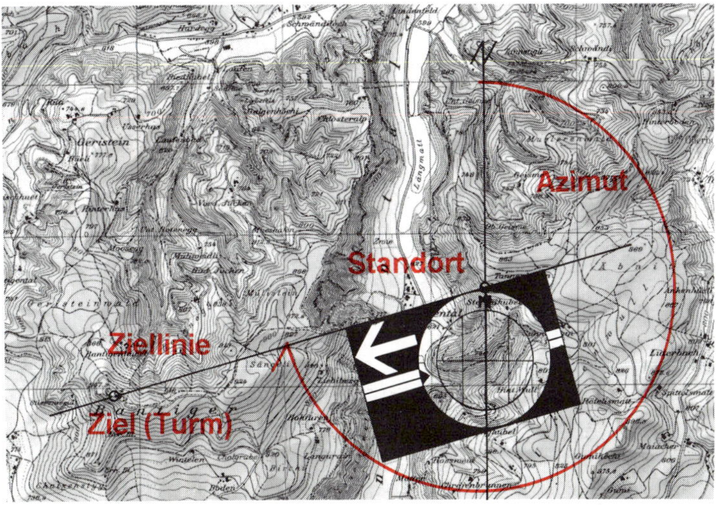

Handgriff 4: (B) Wir übertragen das mit Handgriff 3 gemessene Azimut auf die Karte (Abb. 41).

Zwei Grundanwendungen

A. Von der Karte ins Gelände (Handgriffe 1+2).
Wir wollen zu einem auf der Karte eingezeichneten Wegpunkt kommen, den wir ev. noch gar nicht sehen. Welche Richtung müssen wir einschlagen, um dorthin zu gelangen?

Messen des Azimuts mit Handgriff 1. Anlegen der Zielkante des Kompasses an der Ziellinie auf der Karte. Drehen der Dose bis die Nordstriche parallel zu den Gitterlinien liegen. Nadelstellung spielt keine Rolle.

Übertragen des auf der Karte gemessenen Azimuts ins Gelände mit Handgriff 2. Vorgehen in zwei Stufen:
1. Wir halten den Kompass auf Gurthöhe und drehen uns um die eigene Achse, bis die Nadel grob eingependelt hat.
2. Wir halten den Kompass auf Augenhöhe und beobachten die Nadel im Spiegel. Dabei drehen wir unseren ganzen Körper, indem wir kurze Tritte am Ort machen. Die Haltung soll dabei entspannt bleiben; Körper nicht verwinden. Nun blicken wir über das Visier, immer auch die Nadel im Spiegel beobachtend, und fassen den Zielpunkt ins Auge. Das kann z.B. ein auffallender Einzelbaum, eine Felsnase, eine Waldecke oder ein Gebäude sein. Genau beobachten, damit wir diesen Punkt später wieder erkennen können, ev. auch aus einer anderen Perspektive.
Können wir den Zielpunkt noch nicht sehen, wählen wir uns einen Wegpunkt – ein Zwischenziel – in unserem Sichtbereich und gehen darauf zu. Dort angekommen, können wir den nächsten Punkt anpeilen usw. bis wir ans Ziel gelangen.

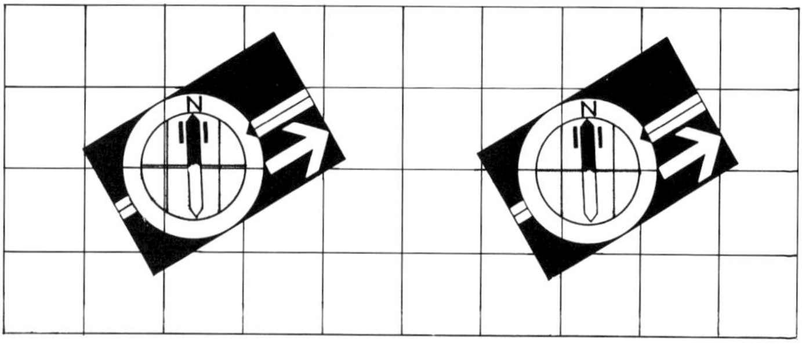

Abb. 42: Beim Anlegen des Kompasses auf der Karte muss immer ein kleiner Abstand zwischen den Nordstrichen der Dose und den senkrechten Gitterlinien sichtbar bleiben. So können wir kontrollieren, ob wir genau angelegt haben. Links: richtig, rechts: falsch.

B. Vom Gelände auf die Karte. (Handgriffe 3+4) Wir wollen einen im Gelände sichtbaren Punkt auf der Karte festlegen. Dazu müssen wir das Azimut von diesem Punkt messen.
Vorgehen: Handgriff 3, am besten in zwei Stufen:

1. Stufe, Groborientierung: Zunächst den Kompass mit der einen Hand vor sich auf Gurthöhe halten. Sich dem Zielpunkt frontal zuwenden. Mit der anderen Hand Dose drehen, bis die Nadel etwa auf die Nordmarke zeigt.

2. Stufe, Feinorientierung: Kompass auf Augenhöhe halten und über Visier Ziel anvisieren. Während wir im Spiegel die Nadel beobachten, drehen wir mit der anderen Hand die Dose, bis die Nordspitze der Nadel in der Nordmarke liegt. Währenddessen blicken wir mehrmals über das Visier, um zu schauen, ob das Ziel noch drin liegt. Nun lesen wir das Azimut am Index ab. Wir brauchen den Winkelwert aber nur, wenn wir ihn jemand angeben wollen. Sonst direkt *mit Handgriff 4 Azimut auf die Karte übertragen:* Den Kompass so auf die Karte legen, dass die Nordstriche auf der Dose mit dem Kartengitter parallel liegen (nicht die Zielkante!). Der Richtungspfeil des Kompasses zeigt vom Standort weg.
Die Zielkante muss am Standort anliegen, von dem aus wir gemessen haben. Der Zielpunkt liegt nun in Richtung der Zielkante. Wenn nötig, müssen wir die Ziellinie mit Lineal und Bleistift oder der Kompassschnur verlängern.

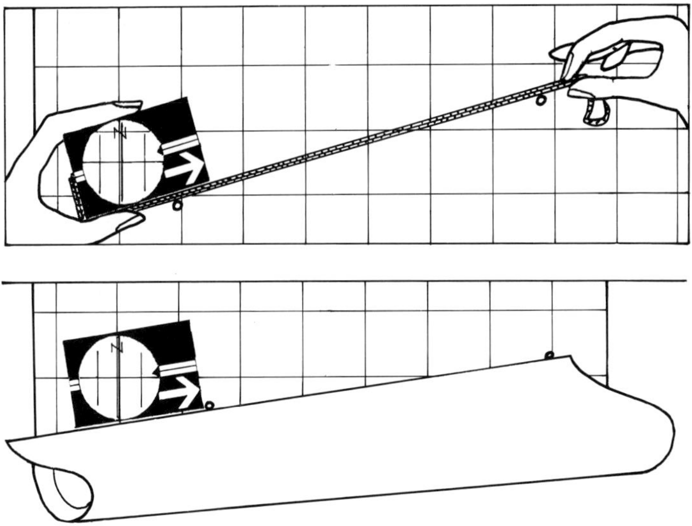

Abb. 43 und 44: Um die Ziellinie zu verlängern dienen die Kompassschnur oder der umgelegte Kartenrand.

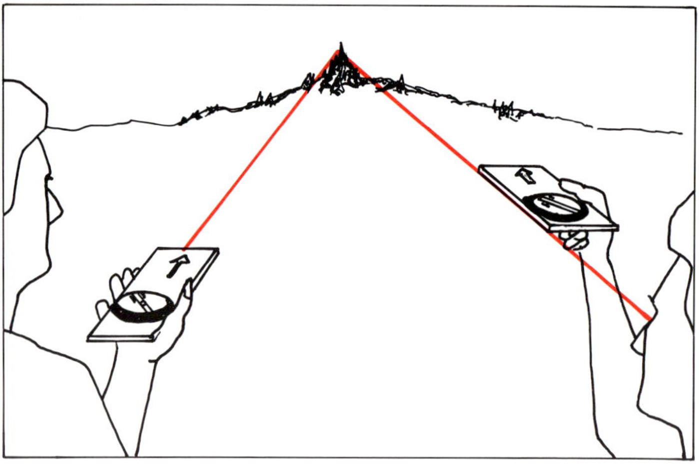

Abb. 45: Grobvisieren mit dem Plattenkompass. Feinvisieren der Kante des Plattenkompasses entlang.

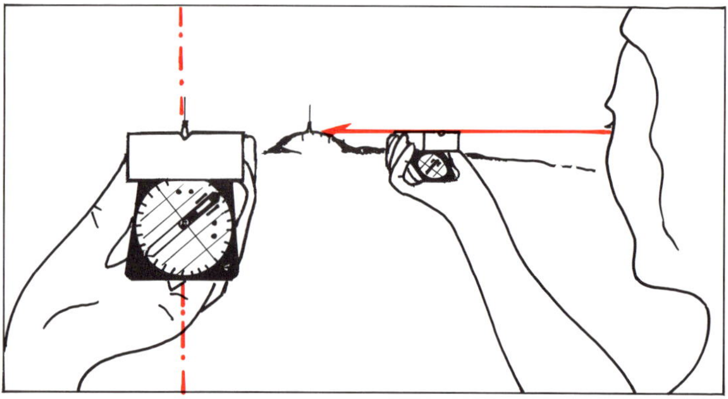

Abb. 46: Visieren mit dem Spiegelkompass der Abb. 31.

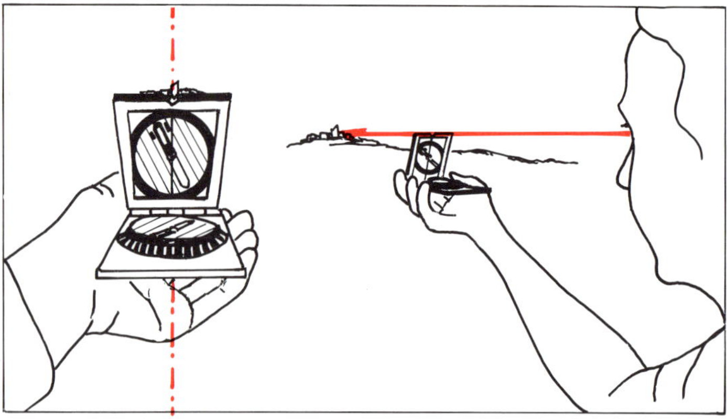

Abb. 47: Visieren mit dem Spiegelkompass der Abb. 33.

Wandern mit dem Kompass

In Mitteleuropa ist die Landschaft meist so stark besiedelt und mit Wegen erschlossen, dass das reine Kompasswandern nur in Ausnahmefällen zum Zug kommt. Ist man aber an der Nordsee auf einer Wattwanderung, in der Serengeti, der sibirischen Taiga oder auf einem Wüstentrecking, kann

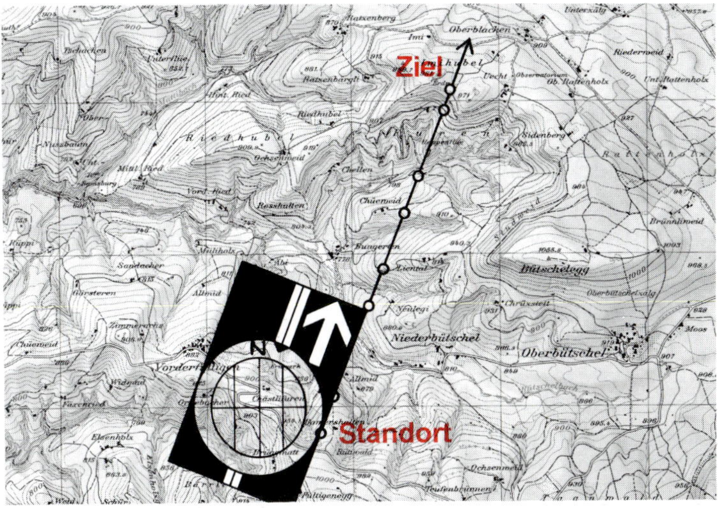

Abb. 48 und 49: Eine Querfeldeinwanderung (Azimutmarsch). Im stark coupierten Gelände wählen wir Zwischenziele und zeichnen sie in der Karte ein. Dazwischen liegen Strecken, die wir nicht einsehen können. Es ist auch damit zu rechnen, dass wir Anpflanzungen oder Hindernisse kleinräumig umgehen müssen.

der Kompass plötzlich die Bedeutung einer Überlebens-Hilfe bekommen.
Vielleicht wollen wir auch einmal ausserhalb der ausgetretenen Wege die Natur «pur» aufsuchen. Die Bauern lieben dies zwar nicht in jeder Jahreszeit. Aber man kann doch erwarten, dass naturliebende Wandersleute bei einem «Querfeldein» auf die Kulturpflanzungen, die Wildtiere und deren Lebensraum Rücksicht nehmen. – Wie gehen wir vor?

Mit Karte. Wir wählen Methode A der Grundanwendungen: von der Karte ins Gelände. Dabei müssen wir nicht dauernd auf der Ziellinie gehen; das ist ja auch vom Gelände her nicht immer möglich. Zudem müssen unüberwindliche Hindernisse oft sogar weiträumig umgangen werden (s. Umgehung).
Schwierig ist, dass anvisierte Ziele aus der Nähe oder einem bestimmten Blickwinkel betrachtet oft etwas anders aussehen als von der Ferne. Vor allem in der Wüste täuscht man sich leicht, weil da ja oft keine Zusatzmerkmale wie Bäume oder Gebäude vorhanden sind.
Am besten gehen wir mit der Karte in der Hand und dem Kompass draufliegend. Beim Gehen müssen wir den Kompass immer wieder beachten.
Bei dieser Art von Wandern hat also der Kompass die Priorität. In bewohnten Gegenden aber brauchen wir ihn lediglich noch zur Kontrolle, bei Nebel oder für kurze Zwischenstrecken. Dort spielt die Karte die Hauptrolle.
Sollte einmal kein Zwischenziel vorhanden oder die Sicht ungenügend sein, müssen wir einen Partner vorausschicken und ihn durch Zurufen auf die Ziellinie weisen. Diese Methode leistet vor allem auf einem Gletscher oder im Nebel gute Dienste. Nachts kann man auch die Taschenlampe des Partners anvisieren.

Ohne Karte. Nun arbeiten wir nach Methode B der Grundanwendungen, aber ohne Karte. Als Gedächtnisstütze zeichnen wir uns selbst eine Kartenskizze. Diese braucht nicht genau zu sein. Wichtig ist, dass wir die Schrittzahlen und Azimute zu jeder Strecke hinzuschreiben, die Wegpunkte eintragen und mit einem charakteristischen Namen versehen, z. B. «Burg» für einen ähnlich geformten Felsblock Das ist «reines» Azimutwandern.

Abstecher oder Rundwanderungen. Wenn wir z. B. bei einem Wüstentrecking einen Abstecher oder eine Rundwanderung ins «Niemandsland» wagen, ist grösste Vorsicht geboten. Auch geübte Wüstenwanderer, ja sogar Treckingführer können sich verirren. Das Szenarium ist fast immer gleich: Erst ist man auf einer markierten Route.

Dann möchte man sich neben der Piste etwas umsehen. Nicht selten verliert man aber dabei die Orientierung. Um dies zu vermeiden, leistet uns der Kompass gute Dienste, vorausgesetzt, dass wir ihn nicht erst auspacken, wenn wir in die Irre gegangen sind. Wir müssen ihn von Anfang an einsetzen.
Meist wollen wir ja wieder an den Ausgangspunkt zurück. Wir prägen uns diesen gut ein, auch aus der Ansicht von der Rückkehr her und tragen ihn in die Skizze ein. In der Wüste markieren wir ihn mit einem weithin sichtbaren farbigen Tuch. Wir wählen uns einen Wegpunkt, den wir mit dem Kompass anpeilen. In Geometrie Bewanderte können die Azimute und Wegpunkte so wählen, dass ein regelmässiges Vieleck entsteht. So kommen sie auf einer Rundwanderung wieder zum Ausgangspunkt zurück. Sicherer aber ist die Rückkehr auf dem gleichen Weg. Vom Umkehrpunkt aus finden wir leicht wieder einen Wegpunkt nach dem andern anhand unserer Skizze. Für die Strecken wählen wir jeweils das Azimut des Hinwegs, lassen aber beim Gehen die Südspitze der Nadel in die Nordmarken einspielen. – Das können wir übrigens immer machen, wenn wir irgendwann einmal zurück müssen. Für Wüstentreckings, Wattwanderungen, heikle Abstecher und Rundwanderungen ist der GPS-Empfänger (s. dort) zu empfehlen.

Für alle Azimutwanderungen gelten die Regeln: Lange Kompassstrecken vermeiden. Längere Strecken aufgliedern in kleinere Teilstrecken mit Zwischenwegpunkten.

Umgehen von Hindernissen

Obwohl es kein rundum positiver Charakterzug ist, den Hindernissen im Leben auszuweichen, bleibt uns im Gelände zuweilen nichts anderes übrig. Das Hindernis kann ein Weiher, ein Sumpf oder sonst ein unbegehbares Gebiet sein.

Im überblickbaren Gelände merken wir uns durch Peilen über das Hindernis hinweg einen markanten Punkt, z. B. einen Fels oder Baum, der auf der gleichen Achse wie das Hauptziel liegt, als Wegpunkt (Zwischenziel). Wir umgehen das Hindernis bis wir wieder auf dem früheren Kurs sind.

Im unübersichtlichen Gelände müssen wir auch die Umgehung selbst mit Hilfe des Kompasses ausführen. Es gibt dafür verschiedene Anwendungen:

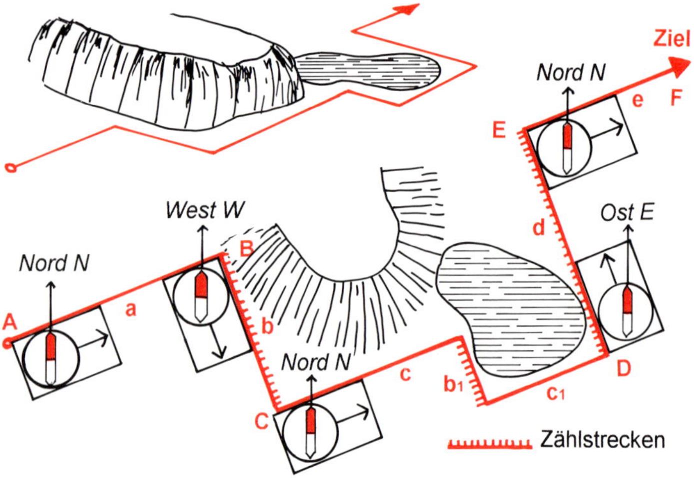

Abb. 50: Umgehen eines Hindernisses mit rechten Winkeln. Stellt sich heraus, dass wir bei C zu früh eingeschwenkt sind, können wir nachkorrigieren. Bei dieser Methode müssen wir eine ev. Deklination bei B und D einbeziehen.

1. Mit rechten Winkeln: Für alle kleineren und mittleren Umgehungen ist diese Methode zu empfehlen, weil sie am sichersten ist.

Wir entscheiden, in welcher Richtung wir das Hindernis umgehen. Dann drehen wir uns bei B einen Viertelskreis in der vorgesehenen Richtung. Die *Azimuteinstellung verändern wir aber nicht*, damit wir den Kurswinkel nicht verlieren. Drehen wir uns nach rechts, lassen wir die Nordspitze der Nadel auf West (270° ± Deklinationswert) einpendeln. Umgehen wir das Hindernis links, drehen wir uns so, dass die Nadel nach Ost (90° ± Deklinationswert) weist und gehen nun Weg b. Dabei zählen wir unsere Schritte und notieren die Zahl.

Sobald wir dem Hindernis seitlich genügend ausgewichen sind, drehen wir bei C auf den ursprünglichen Kurs ein und gehen auf Weg c bis wir am Hindernis vorbei sind.

Bei D lassen wir die Nadel auf Ost einspielen und gehen auf Weg d gleich viele Schritte wie auf Weg b. Nicht immer finden wir genau auf die ursprüngliche Wegachse zurück, doch sind Abweichungen bei dieser rechtwinkligen Methode meist gering und können vernachlässigt werden.

Ein weiterer Vorteil dieser Methode ist das Nachkorrigieren. Wenn wir auf Weg c unerwartet feststellen, dass wir zu früh eingeschwenkt sind, biegen wir noch

einmal in Richtung b um. Wir zählen auf Strecke b_1 die Schritte von b dazu und gehen dann auf c_1 weiter. Auf Strecke d müssen wir dann die Gesamtschrittzahl von b und b_1 gehen.
Wenn wir diese einfachen Regeln einhalten, können wir mit dieser Methode mehrere Umgehungswege hintereinander wählen, bis wir uns am Ende wieder auf der Hauptachse A-F befinden. Bei erheblicher Deklination müssen wir diese bei jeder Viertelsdrehung mitberücksichtigen.

2. Mit Umgehungsmarken. Eine gute Hilfe sind die Umgehungsmarken, mit denen die meisten Kompasse ausgerüstet sind. Sie liegen 30° westlich und östlich von den Nordmarken. Die Umgehungsmarken werden bei deklinationskorrigierbaren Kompassen mit der Nordmarke zusammen verstellt, sodass wir die Deklination nicht mehr beachten müssen.

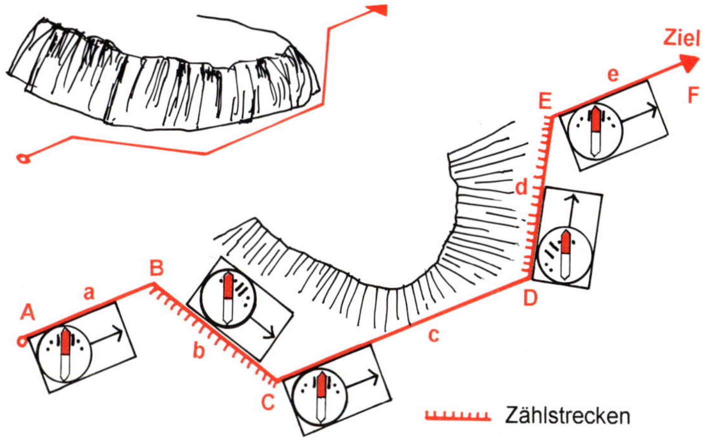

Abb. 51: Umgehen mit Umgehungsmarken. Bei Deklinationskorrigierten Kompassen werden die Umgehungsmarken mit der Nordmarke zusammen verstellt. Eine ev. Deklination muss nicht berücksichtigt werden.

Bei Punkt B drehen wir links oder rechts ab und gehen in der Richtung, die uns der Kompass mit der in die Umgehungsmarken eingependelten Nordspitze der Nadel weist. Dann verfahren wir wie oben geschildert.

3. Im Dreieck. Wir können ein Hindernis auch nur im Dreieck umgehen. Zuerst verfahren wir wie in Nr. 2. Bei Punkt C schwenken wir aber gleich wieder auf die Strecke d ein, weil eine zum Hauptkurs parallele Strecke c gar nicht nötig ist.

Standortbestimmung

Sei es, dass wir uns verirrt haben oder dass wir, aus welchem Grunde auch immer, nicht wissen, wo wir sind: mit Hilfe des Kompasses und der Karte können wir unseren Standort genau bestimmen. Bei der Bootsnavigation ist die Standortbestimmung sogar die Regel. Es gibt dazu verschiedene Möglichkeiten, und wir wählen – je nach Situation – die für uns günstigste:

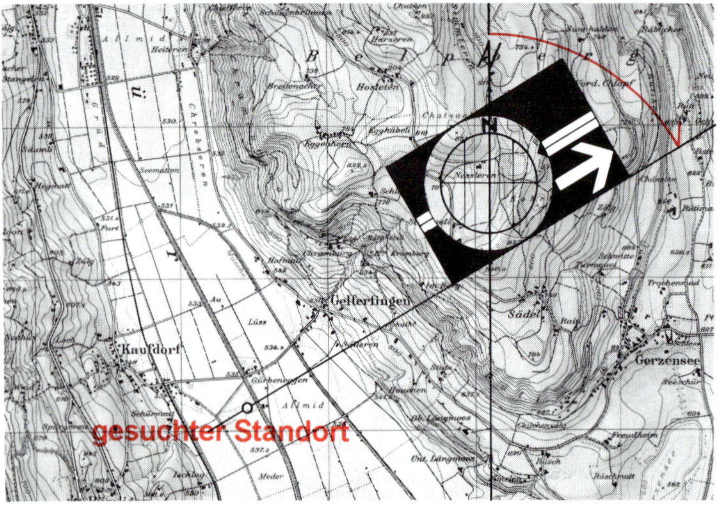

Abb. 52 und 53: Standortbestimmung nach einem entfernten Geländepunkt und einer nahen Geländelinie; hier ein Bach.

Nach Geländepunkt und Geländelinie. Der Geländepunkt muss mindestens 1 km entfernt, markant (Baum oder Haus auf einem Grat, Felsnase usw.) und vor allem auf der Karte klar identifizierbar sein. Dann brauchen wir möglichst nahe eine Geländelinie, die ungefähr quer zu unserer Peilrichtung verläuft; das kann ein Bach, Waldsaum oder Weg sein.
Wir visieren den Geländepunkt an (Handgriff 3), dann legen wir den Kompass auf der Karte beim Zielpunkt so an, dass das Dosennord mit dem Kartennord übereinstimmt (Handgriff 4) und verfolgen diese Linie mit der Kompassschnur oder dem umgelegten Kartenrand rückwärts bis zur Geländelinie. Dort ist unser augenblicklicher Standort.

Mit Kompass und Höhenmesser. In den Bergen sind wir auf eine zweifelsfreie Standortbestimmung angewiesen haben jedoch nicht immer ideale Sichtverhältnisse. Auch mangelt es oft an eindeutigen Punkten zum Anpeilen. Da hilft uns dann die Kombination Höhenmesser/Kompass: Zuerst stellen wir mit dem Höhenmesser (s. dort) die genaue Höhe fest. Auf der Karte bezeichnen wir die Höhenkurve im fraglichen Gebiet. Nun peilen wir einen auf der Karte bekannten und identifizierten Punkt an und ziehen nach Handgriff 4 eine rückwärtige Linie. Dort wo diese Peillinie die Höhenlinie schneidet, befindet sich unser Standort.

Abb. 54: Standortbestimmung mit Kompass und Höhenmesser.

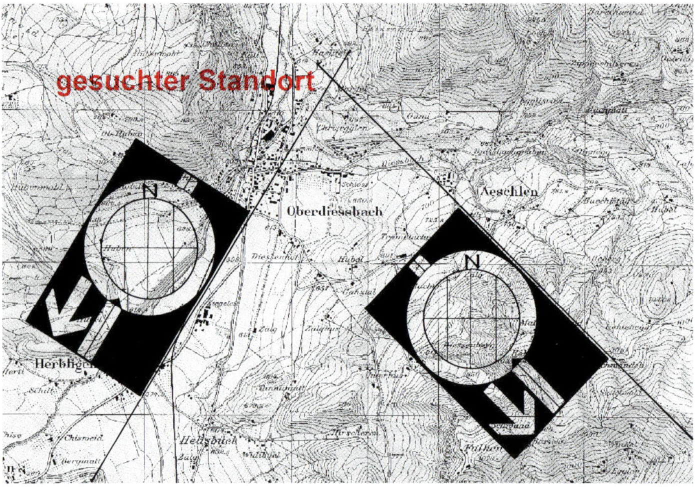

Abb. 55 und 56: Standortbestimmung nach zwei auseinanderliegenden Geländepunkten = Rückwärtseinschneiden.

Mit zwei Geländepunkten. Diese Methode heisst *«rückwärts Einschneiden».* Wir benötigen dazu zwei fernere, auf der Karte klar identifizierbare Geländepunkte. Diese Punkte sollten nicht zu nahe beieinander liegen, weil wir sonst einen spitzen Winkel mit grossem Unschärfebereich erhalten (schleifender Winkel). Am besten wäre, wenn die zwei Linien ein annähernd gleichseitiges Dreieck bildeten. Mit Handgriff 3 messen wir nacheinander das Azimut beider Punkte und ziehen auf der Karte mit Handgriff 4 je eine Linie. Dort, wo sich die beiden Linien schneiden, ist unser Standort.

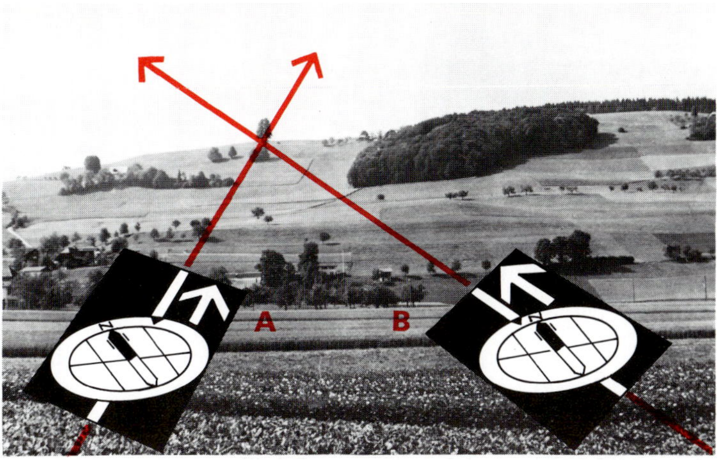

Abb. 57 und 58: Bestimmen von Geländepunkten = Vorwärtseinschneiden.

Bestimmen von Geländepunkten

Durch Peilen mit dem Kompass können wir auch unbekannte Geländepunkte auf der Karte finden. Dabei müssen wir unseren Standpunkt kennen. Wir peilen also z.B. einen Berg an, übertragen nach Handgriff 4 die Linie auf die Karte und finden das gesuchte Objekt auf dieser Linie. Zur genaueren Bestimmung brauchen wir allerdings noch eine zweite Grösse. Das kann z. B. die geschätzte Distanz oder ein benachbarter Beziehungspunkt sein. Aber so ganz sicher ist das Resultat meist nicht. Wir brauchen, wie beim

Rückwärtseinschneiden, mindestens zwei Linien, damit wir einen Schnittpunkt bekommen. Das heisst aber, dass wir einen zweiten Standort aufsuchen müssen, der so weit entfernt sein muss, dass beim Einschneiden ein offenes Dreieck entsteht. Dort machen wir eine zweite Peilung. Wir zeichnen die beiden Peillinien von unseren Standorten in die Karte ein. Auf dem Schnittpunkt der beiden Linien ist das gesuchte Objekt.
Alle diese Positionsbestimmungen sollten wir beim Weitergehen sorgfältig mit dem Gelände vergleichen und überprüfen ob die Geländeformen und -merkmale mit dem Kartenbild übereinstimmen.
Trotz aller Hilfsmittel, die uns zur Verfügung stehen, sollten wir nie vergessen, dass wir uns – gute Sichtbarkeit vorausgesetzt – ganz einfach nach der Sonne orientieren können. Sie geht im Osten auf, im Orient – deshalb heisst es «orientieren» – und im Westen unter. Die Auf- und Untergangsorte am Horizont verschieben sich zwar jahreszeitlich und sind nur während der Zeit der Tag- und Nachtgleiche exakt. Am Mittag steht die Sonne im Süden. Für eine einfache Orientierung reicht das ja bereits.

Besondere Ausrüstungen

Einige Modelle weisen Zusatz-Ausrüstungen auf, die sogar dem professionellen Anwender dienen:

Klinometer. Dies ist ein *Neigungswinkelmesser* (lat. inclinare = neigen). Damit können wir z.B. die Neigung eines Hanges messen, bevor wir ihn mit einem Geländewagen traversieren. Wir können uns aber auch ein Bild von der Lawinen-Gefahr machen. Dazu braucht es aller-

Abb. 59: Klinometer an einer Gelände-Neigung angelegt.

dings noch weitere Kenntnisse. In der Geologie wird z. B. der Winkel einer schiefliegenden Gesteinsschicht mit dem Klinometer gemessen.
Bei diesen Kompassen ist in der Dose ein Pendel integriert, das immer auf den tiefsten Punkt des Winkelkreises zeigt. Halten wir nun den Kompass so, dass die Dose senkrecht steht und legen seine Kante an der zu messenden Neigungslinie an, so können wir den Neigungswinkel ablesen.
Für den technischen Bereich werden Steigungen und Gefälle in % angegeben. Zum Umrechnen ist eine Konversionstabelle auf der Spiegelrückseite aufgedruckt.

	Grad	%	Grad	%
Umrechnungstabelle (Konversionstabelle) von Grad in %	1	1,7	10	17,7
	2	3,5	20	36,4
	3	5,2	30	57,7
	4	7	40	83,9
	5	8,7	45	100

Höhenbestimmungen sind ebenfalls möglich mit dem Klinometer. Wir messen zuerst den waagrechten Abstand vom Objekt zum Standort: Strecke D. Dann peilen wir mit senkrecht gehaltenem Kompass über seine Zielkante die Spitze oder obere Kante des zu messenden Objekts an. Den Neigungswinkel lesen wir jetzt im Spiegel ab. Die Skala ist in Spiegelschrift eingraviert. Laut Tabelle setzen wir die Grad in Prozente um, teilen die Distanz durch 100 und multiplizieren mit Prozent. So erhalten wir die Höhe in Metern.

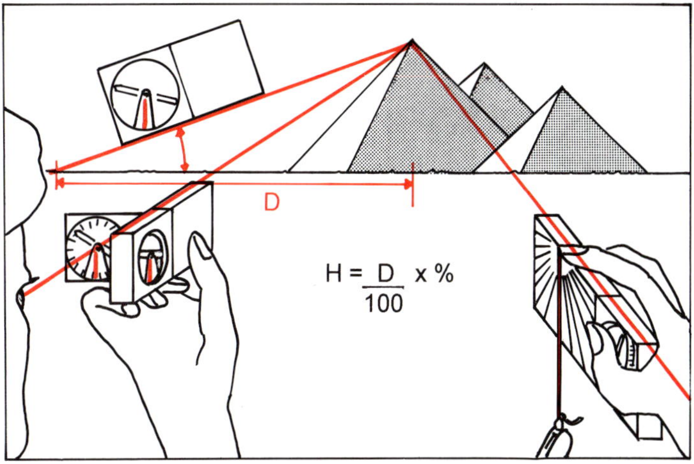

Abb. 60: Peilen mit dem Klinometer, Ablesen durch den Spiegel und Höhe berechnen.

Peilkompass. Für genaue Winkelpeilungen bei Geländeaufnahmen und Zeichnen von Karten brauchen wir einen prismenoptischen *Peilkompass*. Er hat einen zweiten Teilkreis, der fest mit der Nadel verbunden ist und sich mit dieser dreht. Beim Peilen visieren wir von der Seite über die Dose hinweg und lesen dabei in einem Fenster über ein Prisma die genaue Gradzahl an der Marke ab.
Ein grosser Vorteil ist auch, dass wir mit nur einer Hand auskommen. Die andere bleibt frei, was z.B. beim Segeln sehr praktisch ist. Der Peilkompass kann uns sehr genaue Winkelwerte vermitteln. Diese können aber nicht festgehalten werden. Für weite Distanzen gibt es auch Peilkompasse, die in Ferngläser eingebaut sind.

Abb. 61a: Prismenoptischer Peilkompass für Präzisions-Winkelmessungen (Genauigkeit $^1/_2$ Grad) mit Klinometer und einstellbarer Deklinations-Korrektur.

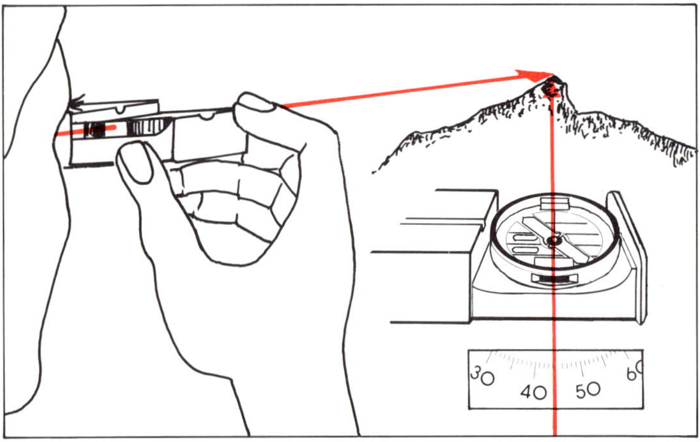

Abb. 62: Arbeiten mit dem prismenoptischen Peilkompass.

Spezialkompasse. *Daumenkompasse* sind sehr praktisch beim Orientierungslauf, um die Karte einzuordnen. *Armband-Kompasse* schätzen alle Sporttreibenden, weil sie damit beide Hände frei haben.
Autokompasse helfen zur Groborientierung. Prüfen, ob am vorgesehenen Platz keine störenden Einflüsse die Nadel ablenken. *Schiffskompasse* werden wegen der Eisenmassen von Fachleuten eingebaut und periodisch überprüft. In der *Luftfahrt* ist übrigens, trotz weit fortgeschrittener Navigationstechnik, immer noch der Magnetkompass vorgeschrieben zur Ergänzung der anderen Systeme.
Der gute Kompass ist ein Präzisionsinstrument, das entsprechend sorgfältige Behandlung verlangt. Starke Stösse beschädigen die feinen Lager, Hitze, z. B. hinter dem Autofenster, wirkt ungünstig auf die Dämpfungsflüssigkeit. Mit der Zeit können sich Bläschen in der Flüssigkeit bilden. Sie beeinträchtigen die Funktion nicht und verschwinden meist wieder. Wenn nicht, wenden Sie sich an ein Fachgeschäft.

Elektronischer Kompass. Ein elektronischer Magnetsensor übernimmt statt der Nadel die Richtungsweisung. Die Anzeige ist digital. *Vorteile:* Deklination und Azimutpeilungen können gespeichert werden. Er ist schwimmfähig. *Nachteile:* Der Überblick ist eingeschränkt. Azimutmessung auf der Karte ist nicht möglich. Elektronische Kompasse finden mehr und mehr Verwendung zusammen mit Satelliten gestützten Navigationsmitteln GPS.

Das Schrittezählen

Bei Kompass-Märschen und Umgehungen müssen wir die zurückgelegten Distanzen kennen. Deshalb zählen wir unsere Schritte. Aber nur jeden zweiten: «eins und, zwei und ... *drei*-zehn, *vier*-zehn ... *einund*-zwanzig usw. Also jede Zahl zweisilbig, mit Betonung auf der ersten Silbe.

Schrittmass. Das Schrittmass ist relativ und hängt von der individuellen Gangart und Beinlänge ab. Es ist auch vom Untergrund abhängig: Fussweg, Weide, Waldboden und von verschiedenen Steigungen oder Gefällen. Beim Orientierungslauf müssen wir unser Schrittmass auch für leichten Trab und schnellen Lauf kennen. Wichtig ist auch die Schrittzahl für verschiedene Strecken in Metern.

Die Tabelle auf der nächsten Seite dient zum selbst Eintragen und Nachschlagen des persönlichen Schrittmasses.

Persönliches Schrittmass:

Gelände	1:50'000 Karte	Weg	Weide	Wald
50 m	1 mm	25	35	40
50 m	1 mm			
100 m	2 mm			
500 m	1 cm			

Für den Trab rechnen wir etwa $^{1}/_{5}$, für den Lauf $^{1}/_{4}$ weniger.

Schrittzähler. Es gibt mechanische, die auf Knopfdruck reagieren, und automatische Zähler. Das elektronische Zählwerk rechnet unsere Schrittzahl nach dem von uns eingegebenen Schrittmass in Meter um. Wir hängen den Zähler z. B. an den Gurt. Er misst die Schritte automatisch durch die Ruckbewegung des Körpers.

GPS-Empfänger

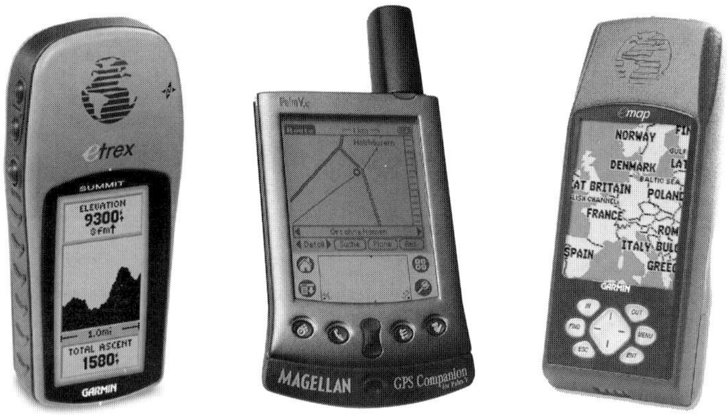

Abb. 62: Drei GPS-Empfänger aus der grossen Auswahl:
Links: eTrex Summit von Garmin mit zusätzlichem elektronischem Kompass und Höhenmesser.
Mitte: GPS Companion von Magellan angedockt an Palm V/x (separat zu erwerben). Karten können von CD-Rom im PC bearbeitet und auf den Palm geladen werden, wo sie mit den Daten des GPS zusammen optimale Navigationsmöglichkeiten ergeben.
Rechts: eMapGarmin mit integrierter elektronischer Karte auf Speichermodul.

GPS – Global Positioning System

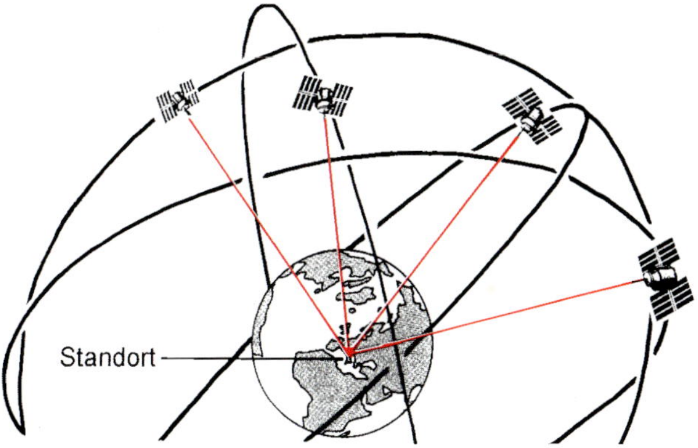

Abb. 63: GPS Global Positioning System. GPS-Satelliten umkreisen die Erde und senden Navigationssignale aus. Das Empfangsgerät errechnet aus den Satellitenpositionen und Distanzen (Signallaufzeit) den Standort auf der Erde.

Weltumspannende Navigation

Ein Satelliten-System, das in den 80er Jahren des letzten Jahrhunderts vom US-Verteidigungsministerium im Orbit installiert worden ist, arbeitet mit 24 Navigationssatelliten «Navstar», die in einer Höhe von 20'000 km die Erde zwei mal am Tag umkreisen. Sie werden von Bodenstationen aus kontrolliert und überwacht.

In den Anfängen der Navigation, als die ersten Schiffe von der Küste weg übers offene Meer kreuzten, orientierten sich die Seeleute nach den Gestirnen. Später kam der Kompass dazu, der sich nach dem Magnetfeld der Erde ausrichtet. Und heute orientieren wir uns wieder nach dem Himmel – allerdings nicht mit dem Auge sondern mit einem Empfangsgerät für Satelliten-Signale und einem schnellen programmierbaren Rechner.

Diese Signale enthalten Zeitkorrekturen der hochexakten nach «Satellitenzeit» gehenden Cäsium-Atomuhren für unsere Empfängeruhren. Dazu kommen Daten über Position und Bahn der Satelliten (Almanach), die unser Gerät speichert. Ausserdem senden die Satelliten ihre spezifischen Positionsangaben (Ephemeriden), die für die Distanzmessung (Ranging) nötig sind.

Das Empfangsgerät für den Freizeit-Gebrauch ist mitunter so klein und leicht geworden wie ein Handy – ein Zwerg in einem Riesensystem. Wenn es eingeschaltet wird, nimmt es Kontakt auf mit den im Moment in güns-

tiger geometrischer Verteilung stehenden Satelliten. Für eine dreidimensionale Standortbestimmung (3D NAV) braucht es Signale von mindestens drei Satelliten und für nötige Korrekturen einen vierten.
Unser Gerät wählt die Satelliten mit der günstigsten Position automatisch aus und misst die Laufzeit der Signale für die Distanzmessung mit einer Genauigkeit im Bereich einer Millionstel Sekunde! Daraus rechnet es unseren Standort. Seine Quarzuhr muss dabei ständig vom Satellit nachgerichtet werden. Die Koordinaten werden aus drei Winkeln errechnet, deren Ursprung mathematisch im Erdmittelpunkt liegt. Das sind aber komplizierte Vorgänge, deren Erklärung hier zu weit führen würde.

Anwendungsbereich. Zum Wandern, Bergsteigen, Segeln. Gleitschirmfliegen sowie beim Trekking, bei Kanu- und Skitouren, Expeditionen, vielen Sportarten und auch im beruflichen Bereich eignen sich GPS-Geräte verschiedener Grösse und Kapazität. GPS ist das modernste und vielseitigste aller Navigationsmittel. Es funktioniert auch unter extremen Wetter- und Sichtbedingungen. Jedoch kann es nur dann sinnvoll eingesetzt werden, wenn wir auch mit der Karte umgehen können!
Es gibt Geräte für die verschiedensten Ansprüche. Danach richten sich auch die Preise, die aber recht günstig geworden sind. Zum Wandern genügt schon ein einfaches Gerät, das etwa 100 Wegpunkte speichern kann. Es sollte aber ein Display besitzen, das auch grafische Darstellungen zeigt.
Da seit 1. Mai 2000 die GPS-Daten von den Satelliten weitgehend unverfälscht empfangen werden können, liegt die Genauigkeit heute bei 5–10 m, was für den Freizeitgebrauch durchaus genügt. Dies ist eine markante Verbesserung gegenüber den früheren 50–100 m.

Differential GPS. Für anspruchsvollere Anwender kann aber auch ein zusätzliches Gerät, ein Radio-Decoder für DGPS (Differential-GPS) dazwischen geschaltet werden, welcher die Genauigkeit steigert. Eine Referenzstation misst ständig alle Differenzen der Signale und bezieht sie auf einen festen Ort. Die Korrektursignale werden dann codiert über UKW-Radio gesendet und können über entsprechende Empfänger dem GPS-Gerät mittels Kabel über die serielle Schnittstelle eingespiesen werden. In der Schweiz heisst dieser Dienst «SWIPOS» (Swiss Positioning Service) und wird vom Bundesamt für Landestopographie für verschiedene Zwecke und in diversen Genauigkeitsstufen angeboten. Aber nicht nur die früher absichtlich verfälschten Daten des US-Ministeriums sondern auch Systemfehler bei den Satelliten, Sonnenflecken-Tätigkeit und atmosphärische Einflüsse können Ungenau-

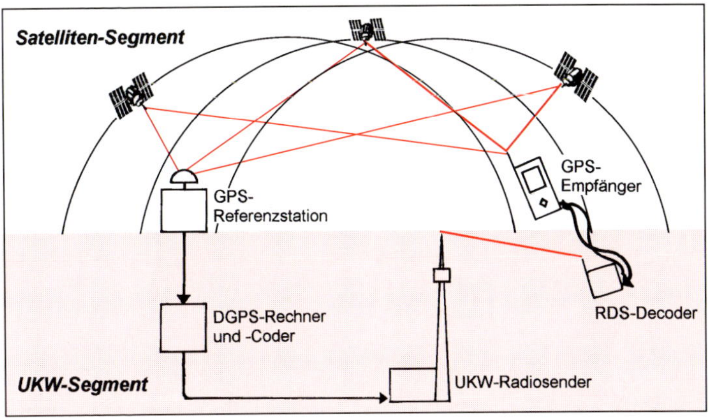

Abb. 64: Differential Global Positioning System. Der GPS-Empfänger nimmt die Satellitensignale über seine Antenne auf. Die Korrektursignale erhält er laufend durch den angeschlossenen Radio-Decoder, welcher seine codierten Korrektursignale von der festen GPS-Referenzstation über das Radio empfängt.

igkeiten verursachen. Auch diese werden durch DGPS weitgehend eliminiert.

Kleinere Ungenauigkeiten kann es in der Schweiz zudem geben weil die Systeme (Kartendaten) des Globalen geodätischen Gradneztes «WGS 84», nach dem GPS arbeitet, und des Schweizer Netzes «CH 1903» nicht immer genau übereinstimmen.

Bedienung des GPS

Manipulieren. Wenn wir die Batterien in der vorgeschriebenen Polung eingelegt haben, kann der Spass beginnen; möglichst draussen.
Die Anordnung der Tasten ist fast bei jedem Gerät anders: manchmal befinden sie sich auf der Frontseite unter dem Display, neu aber auch an den Seitenwänden damit man einhändig bedienen kann. Gestartet wird mit der oft roten Powertaste PWR, die auch zum Abstellen dient. Man kann damit auch die Bildschirmbeleuchtung aktivieren.
Mit der PAGE-Taste blättern wir die Seiten durch oder brechen einen Vorgang ab. Mit ENTER bestätigen wir Dateneingaben oder aktivieren markierte Funktionen. Um diese auszuwählen, gibt es Auf- und Ab- oder Pfeiltasten – manchmal als Wipptaste ausgebildet. Diese können auch zum Eingeben der Buchstaben oder Verschieben des Cursors auf der Kartenseite gebraucht werden. Mit MARK markieren wir eine Position oder einen Wegpunkt. Mit GOTO kommen wir auf die Navigationsseite, die uns zum gewünschten Punkt führt.

Auf alle Fälle müssen wir aber die Bedienungs-Anleitung der Herstellerfirma zu Rate ziehen. Beim Kauf verlangen, dass sie in Ihrer Sprache vorliegt!

Wichtige Abkürzungen. Bevor wir uns mit der Bedienung befassen, sind hier die wichtigsten englischen Abkürzungen aufgeführt, die auf dem Display und im Benutzerhandbuch erscheinen. Von diesem «GPS-Latein» braucht sich niemand abschrecken lassen; wir lernen es leicht im praktischen Umgang mit dem Gerät.

ALT	*Altitude*	Höhe über NN (über Meer)
BAT	*Battery*	Batterie, Ladezustand
BRG	*Bearing*	Peilung zum angesteuerten Punkt oder Ziel
CDI	*Course Deviation Indicator*	Kursabweichungsanzeiger
CMG	*Course Made Good*	zurückgelegte Strecke
CRS	*Course*	Kurs
DIST	*Distance*	Entfernung
DTK	*Desired Track*	Sollkurs, zwischen zwei aktiven Wegpunkten
ETA	*Estimated Time of Arrival*	Geschätzte Ankunftszeit
ETE	ET of *Enroute*	noch verbleibende Zeit
GOTO		Richtung zu Wegpunkten (Funktion)
GRID		Gitternetz, Koordinatensystem
LAT	*Latidude*	geografische Breite
LON	*Longitude*	geografische Länge
MAG	*Magnetic*	magnetisch
MOB	*Man Over Board*	Mann über Bord Funktion für Segler
NAV		Navigation
POS		Position
RNG		Verbleibende Distanz zum nächsten Wegpunkt
SPD	*Speed*	Geschwindigkeit
TRK	*Track*	Kartenkurs, tatsächliche Bewegungsrichtung
TT	*True Track*	rechtweisender Kurs
TTG	*Time to Go*	Restreisezeit
UTC	*Universal Time Coordinated*	Weltzeit
WPT	*Waypoint*	Wegpunkt
XTE	*Cross Track Error*	Kursabweichungs-Distanz vom Sollkurs

In Betrieb nehmen des Gerätes braucht beim ersten Mal oder wenn man 800 km vom letzten Einsatzort entfernt ist, einige Vorbereitung: die sog. *Initialisierung* des Empfängers. Nach dem Einschalten muss er die Almanachdaten der «sichtbaren» Satelliten empfangen und speichern. Das kann zwischen 15 und 30 Minuten dauern, weil diese Signale in grösseren Zeitabständen erfolgen.
Das Initialisieren können wir wesentlich abkürzen, wenn wir unser Gebiet unter «Select Country» eingeben. Oder – als zweite Möglichkeit – unsere ungefähren Koordinaten. Dabei erscheint auf dem Display die Seite mit dem

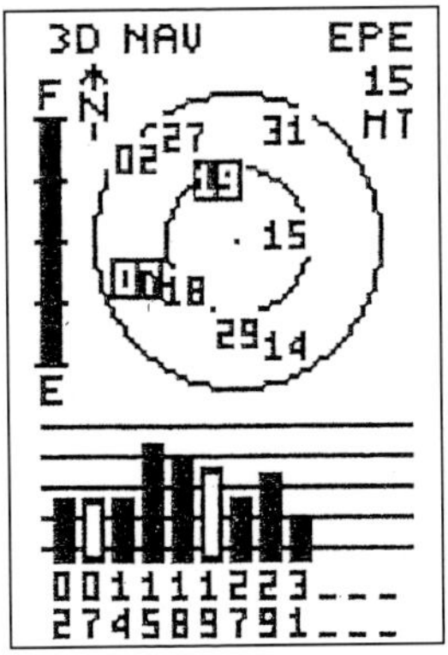

a

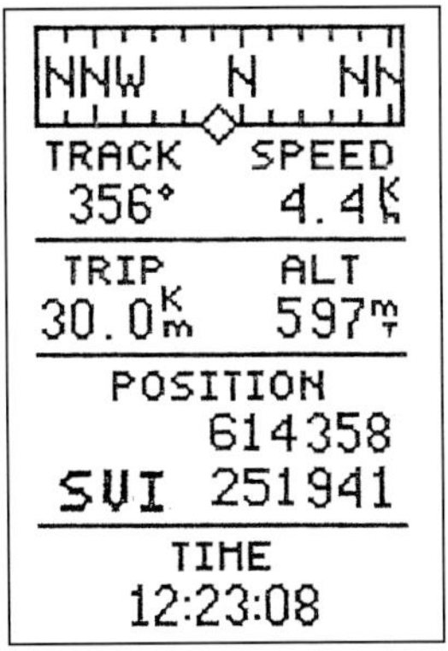

b

Abb. 65:
a) Satellitenstatus mit Satellitenhöhen und Signalstärken.
b) Positionsseite (Swiss Grid), Kurs und Höhe.

Satellitenstatus (Abb. 65a). Eine Grafik zeigt den Himmel. Im Mittelpunkt ist unser Standort. Der innere Kreis bezeichnet einen Höhenwinkel von 45°, der äussere den Horizont. Darin verteilt sehen wir die Standorte der Satelliten mit ihren Nummern. Satelliten mit schwarzen Ziffern sind aktiv. Weisse Nummern im schwarzen Feld bedeuten dass dieser Satellit im Moment nicht verfolgt wird. Unten ist die jeweilige Signalstärke mit einem Balken dargestellt. Auch der Ladezustand unserer Batterien wird meist hier angezeigt. Das Gerät braucht übrigens ziemlich viel Strom!

Wir achten darauf, dass wir auf möglichst weiträumig freiem Platze stehen, damit keine Satelliten durch Häuser, Baumgruppen oder andere Hindernisse abgedeckt werden.

Auch im normalen Betrieb brauchen wir viel freien Himmel. Zwischen Häusern oder in engen Schluchten haben wir kaum Empfang. Neuere Modelle können auch im Wald gut empfangen. Wir halten das Gerät etwas vom Körper weg und sorgen dafür, dass die Antenne frei liegt. Bei vielen Geräten ist sie im oberen Gehäuseteil integriert und bei bequemer Handhaltung optimal gelagert. Wir können so auch die Daten leicht ablesen.
Die modernen 12-Kanal-Empfänger reagieren bei Abdeckung einzelner Satelliten schneller als die älteren, weil sie mit 12 Kanälen parallel arbeiten und so automatisch auf einen anderen Satelliten umschalten können. Für Autos oder Bootskabinen sind Aussenantennen erhältlich.

Positionsseite (Abb. 65 b). In den meisten Fällen interessiert uns zunächst einmal unser exakter Standort in einem geografischen Koordinatensystem. Genau das ist ja die Stärke des GPS-Empfängers, dass er das so blitzartig und genau anzeigen kann. Darauf beruhen fast alle anderen Funktionen. Auf der gleichen Standort-Seite erscheinen aber auch noch andere Angaben: unser Kurs, die Höhe über Meer, die Geschwindigkeit, die zurückgelegte Strecke und die Uhrzeit. Sobald wir uns fortbewegen, rechnet er alle Angaben in Sekunden-Intervallen nach. Er rechnet auch aus unserer aktuellen Marschgeschwindigkeit die Zeit hoch, in der wir beim gewählten Punkt ankommen.

Set-Up-Menus sind eine Hauptgruppe von Funktionen, mit denen wir nun als nächstes die charakteristischen Einstellungen für unser Land eingeben, also die Zeit: z. B. Mitteleuropäische Zeit MEZ oder +1 (zur Weltzeit). Sommer-/Winterzeit. Dann können noch eingestellt werden: die Masseinheit z. B. metrisch, Batteriesparmodus, Sprache, Bildschirmkontrast, Beleuchtungsdauer usw.

Nav Setup. Das wichtigste ist aber der Modus der Navigationsseite. Hier müssen wir das «Format» der von uns benützten Karte einstellen. Auf dem Gerät sind Grad und Minuten auf Greenwich bezogen installiert, wahlweise gibt es aber auch zahlreiche andere Koordinaten-Systeme.
Auf jeden Fall muss die Einstellung des Kartenformats der von uns jeweils benützten Karte entsprechen!
Benützen wir z.B. eine Topografische Karte der Schweiz, müssen wir «Swiss Grid» einstellen, für Deutschland UTM (s. S. 15/16). Im Gerät sind viele verschiedene Gitter aus der ganzen Welt verfügbar. Sollte ausnahmsweise ein bestimmtes Gitter nicht vorhanden sein, könnten wir es selbst konfigurieren unter «User Grid». Wir können damit auch eigene Karten definieren. Dazu ziehen wir aber die Gebrauchsanweisung des Herstellers zu Rate.
Auch das «Kartendatum» muss stimmen und auf dem Gerät eingestellt werden: «Europäisches Datum», «Potsdamer Datum» oder «CH 1903». Die Grundeinstellung und Arbeitsbasis ist WGS 84 (World Geodetic System 1984). Damit ist aber nicht das Druckdatum der Karte gemeint, sondern das Jahr, in dem die Projektionsart des Kartenwerks festgelegt worden ist. Unter Umständen muss man nachfragen.

Navigation

Sobald wir die Grundeinstellungen vorgenommen und das Gerät ein wenig kennen gelernt haben, beginnen wir mit Navigieren. Zunächst machen wir von einem weiteren Vorteil des GPS Gebrauch: Vom Abspeichern von Ausgangs- und Wegpunkten.

Wegpunkte sind elektronische Gelände-Marken. Wie «Hänsel und Gretel» im Märchen den Weg mit Brotbrocken markieren, um wieder aus dem Wald zurückzufinden, speichert das GPS Wegpunkte wenn wir die Speicher-Taste drücken.
Beim Abspeichern können wir diese Wegpunkte mit Kurznamen versehen oder sie werden automatisch nummeriert. Wir können sie jederzeit abrufen, mit neuem Namen versehen oder löschen. Einige Programme erlauben sogar, kurze Kommentare hinzuzufügen.
Die Wegpunkte können wir unterwegs speichern. Wenn wir uns am Ort befinden, speichert das Gerät auf Befehl die Koordinaten. Wir können sie aber auch zu Hause nach der Karte bestimmen, in dem wir dem Gerät die Koordinaten eingeben und unter Wegpunkte (Waypoints) abspeichern. Eine weitere Möglichkeit, die einige Geräte bieten, ist der direkte Datentransfer von einer CD-ROM-Karte aus dem Computer auf das GPS.

Routen. Zusammengehörige Wegpunkte bilden eine Route, die wir auch abspeichern können. Es wird automatisch eine übersichtliche Wegpunkt-Liste erstellt, die wir jederzeit abrufen können. Neuere Geräte können weit über 100 Wegpunkte geordnet unter verschiedenen Routen speichern.
Auch die Routen können wir mit Namen versehen damit wir sie wieder finden. Im Gelände führt uns das Gerät dann zu den gewünschten Punkten. Wir können eine Route auch zu hause sorgfältig voraus planen. Auf einer Routen-Seite können wir sie bearbeiten und organisieren.

Routen auf CD. Der neuste Schrei ist die elektronische Karte auf CD-ROM (Schweiz. Bundesamt für Landestopographie, in Deutschland und Österreich Landes-Vermessungsämter). Wir können jedes Detail in Vergrösserung und in hoher Auflösungsqualität auf den Bildschirm des Computers holen, dort die Wegpunkte anklicken und über die serielle Schnittstelle mit einem Kabel (als Option) direkt in unseren GPS-Empfänger übertragen. Umgekehrt können wir im GPS gespeicherte Routen, die wir abgeschritten haben, auf die Karte eintragen. Es gibt auch schon Empfangsgeräte, auf welche man Karten mit Strassennetz oder Stadtpläne laden kann.

GOTO heisst eigentlich «Going to a Destination». Stellen wir diese Funktion ein, für die oft eine eigene Taste existiert, erscheint eine Navigationsseite, die uns von einem

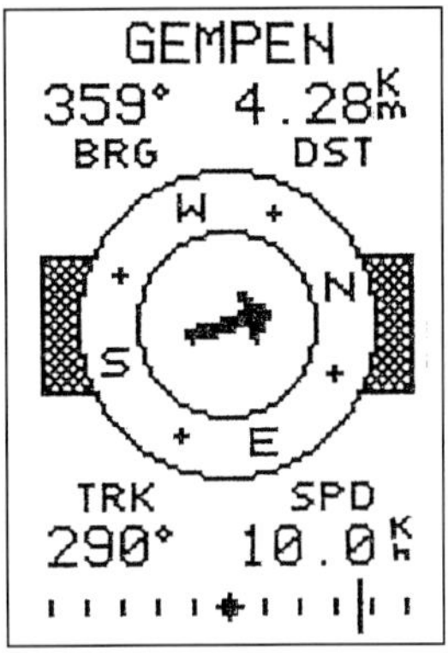

a

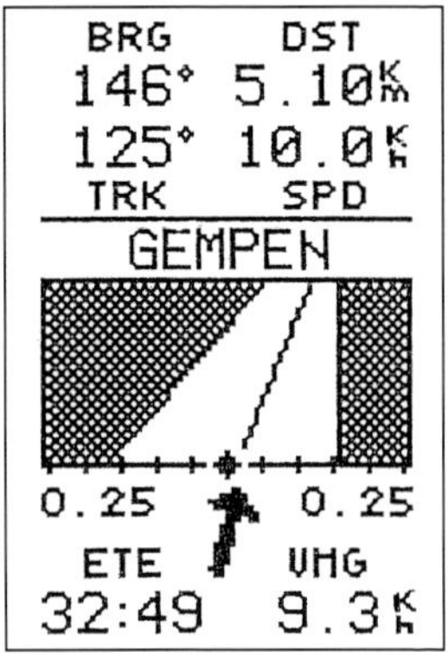

b

Abb. 66:
a) Kompassseite mit Ziel- und Kartenkurs, Distanz und Geschwindigkeit.
b) Autobahnseite zur Navigation.

Punkt direkt zum anderen führt. Es gibt verschiedene Seiten. Eine, die sich mehr und mehr durchsetzt ist die

Kompassseite (Abb. 66 a). Sie enthält einen Richtungspfeil und eine Kompass-Rose, die sich je nach Bewegungsrichtung dreht. Diese Seite ist für wandern, biken und alle Fortbewegungsarten, die normalerweise keinen gradlinigen Kurs erlauben, recht gut. Oben steht der Name des Weg-punktes. Dann folgt der Richtungswinkel in Grad, daneben die Distanz, unten stehen momentaner Kurs und unsere Fortbewegungs-Geschwindigkeit.
Der Richtungspfeil weist stets aufs Ziel in Beziehung zu unserer Bewegungsrichtung. Die Kompassrose zeigt die Himmelsrichtungen im Verhältnis zu unserem momentanen Kurs an. Zeigt der Richtungspfeil geradeaus sind wir auf Kurs. Zeigt er nach links, sind wir zu weit rechts geraten und umgekehrt. Diese Seite ist sehr praktisch wenn wir uns langsam fortbewegen und oft die Richtung zum Ziel zu ändern genötigt sind. Manche ziehen aber die

Autobahnseite (Abb. 66 b) vor. Sie wird lediglich nach ihrem Aussehen so genannt, denn sie zeigt eine senkrechte Linie auf perspektivisch weissem Streifen vor dunklem Hintergrund. Die Senkrechte neigt sich zur Seite, wenn wir vom Kurs abweichen. Korrigieren wir unsere Gangrichtung nach dieser Seite, richtet sich die Linie wieder auf und wir sind wieder auf Kurs. Auch hier finden sich die Anzeigen von Kurs usw.
Um Strom zu sparen, können wir das Gerät abschalten und ein Stück in der angepeilten Richtung gehen. Auch ist es

möglich, den Kompass auf den angezeigten Kurswinkel einzustellen und nur nach dem Kompass weiter zu gehen. Wenn wir nach einiger Zeit von neuem einschalten, wird der Kurs sofort vom derzeitigen Standort aus wieder angezeigt. So können wir auch ohne weiteres Umwege und Umgehungen von Hindernissen einbauen, wir werden trotzdem zum nächsten Wegpunkt geführt. Ist der Wegpunkt erreicht, blinkt die Anzeige und ein Signal ertönt.

Rückwärts-Funktion (Backtrack oder Tracback) zum problemlosen Finden des Rückwegs kann auch ohne andere Hilfsmittel auf dem gleichen Weg zurückgekehrt werden. Wir gehen dabei von einem bekannten Ausgangspunkt in z.B. wegloses oder uns unbekanntes Gelände. Wenn wir umkehren, rufen wir die Backtrack-Funktion ab. Sogleich wird der Weg in umgekehrter Reihenfolge angezeigt und wir finden ihn von Punkt zu Punkt zurück.
Es ist aber zu warnen vor allzu riskanten Abenteuern. Eigentlich sollte man sich nie hundertprozentig auf die Elektronik verlassen und nur so weit mit dem GPS gehen, als man auch ohne dieses wieder zurück finden könnte.

Die dynamische Kartenseite. Fast alle Geräte haben eine Kartenseite, auf der unser Weg fortwährend eingezeichnet wird; natürlich nur wenn das Gerät eingeschaltet ist.
Der oder die eingegebenen Wegpunkte erscheinen als Quadrate, der Standort als Raute. Dazwischen wird die gegangene Route aufgezeichnet. Mit dem Cursor können wir den Ausschnitt verschieben und mit dem Zoom den Massstab verändern. Dieser wird gleich noch angezeigt sowie die übrigen Kurs- und Positionsdaten.
Das GPS kann aber immer nur Navigationsdaten vermitteln, wenn wir uns bewegen; im Stehen erhalten wir lediglich unsere Positionsdaten.

eMap GPS ist ein GPS-Gerät mit grösserem Bildschirm, einem erweiterten Speicher, auf den wir von einem Kartenmodul ganze Kartenprogramme herunterladen können. Die mehrfarbige Karte können wir dann auf dem GPS bearbeiten – zu Hause oder unterwegs – Wegpunkte und Routen einzeichnen.
Trotzdem können wir alle Vorteile des GPS nutzen, indem wir seine Anzeigen auf separaten Seiten bearbeiten oder direkt auf die Kartenseite einblenden können. Kartenprogramme für Gebiete, Länder, Städte oder ganze Erdteile kommen in immer besserer Qualität ins Angebot. Vorerst gibt es aber vor allem Strassenkarten und Stadtpläne.

Diese «Navigationsmaschine» lässt kaum mehr Wünsche offen. Vom Preis her dürfte sie nicht für jedermann sein.

Worauf ist beim Kauf zu achten?

Die Zahl verschiedener Fabrikate und Modelle ist bereits gross und verwirrend. Deshalb ist hier nur eine Auswahl. Zuerst aber einige Kriterien, die natürlich je nach Benutzer und Einsatzart variieren können.

Abmessungen und Gewicht dürften vor allem beim Bergsteigen und Gleitschirmfliegen von Bedeutung sein. Die neueren Geräte befriedigen aber durchaus.

Der Stromverbrauch kann je nach Leistung und Funktionsauswahl des Gerätes recht gross sein. Etwa 20 Stunden Betrieb sollten mit einem Satz Batterien gewährleistet sein. Als Option gibt es auch einen Stromanschluss fürs Auto.

Das Gehäuse sollte robust und Wasserdicht sein (heisst zugleich staubdicht). Die Tastatur soll übersichtlich und bequem zu bedienen sein, auch mit Handschuhen (zum Kaufen welche mitnehmen).

Antenne. Ob sie aussen oder im Gerät integriert ist, spielt keine Rolle. Für die Anwendung im Auto oder in einer Kabine sollte eine Aussenantenne anschliessbar sein.

Ist das Display übersichtlich, gut ablesbar? Sind die grafischen Darstellungen klar und genehm. Es muss beleuchtbar sein.

Lieferumfang. Was ist bei grösseren Geräten dabei und was muss dazu gekauft werden? Preise vergleichen!

Zubehör braucht es, sobald wir das Gerät fest installieren wollen. Aber auch Software für den Computer wird in grossem Umfang angeboten (Hinweis bei Karten auf CD beachten).

Die Bedienungsanleitung sollte übersichtlich und in unserer Sprache abgefasst sein. Gut ist eine zusätzliche Kurzanleitung, die man am Anfang oder nach längerem Gebrauchs-Unterbruch mitnehmen kann.

Typ des Empfängers. Parallel-Empfänger (Mehrkanal) sind etwas schneller als Multiplex (Einkanal). Dafür erfassen die letzteren mehr Satelliten.

Programme. Die Software ist laufend verbessert worden. Für Wanderzwecke ist es aber nicht nötig, ein möglichst vielseitiges Gerät zu haben sondern eines mit einfachen und leicht zu handhabenden Abfolgen der verschiedenen Anzeigen.
Wichtig ist, dass man die Position ablesen und eingeben kann. Eine übersichtliche Navigationsseite und eine Kartenseite mit Zoom sind wichtig.

Serielle Schnittstelle für den Anschluss an Computer ist ein Muss im Hinblick auf das wachsende Angebot von guten Karten-CD's. Auch für den Anschluss eines Radio-Decoders braucht es sie.

Kaufempfehlungen sind angesichts des grossen Angebots nicht leicht zu geben. Fragen Sie sich, was nach obiger Liste für Sie wichtig ist und probieren Sie selber aus. Für nicht allzu hohe Ansprüche ist der Garmin eTrex sehr preiswert. Der eTrex Summit (Abb. 62) gleich handlich aber teurer, bietet zwei wichtige Zusätze: elektronischer Kompass, der auch visieren ermöglicht und einen Höhenmesser. eTrex Venture und Legend sind kartenfähig, eTrex Vista hat deshalb einen internen Speicher von 24 MB.
Auch Magellan führt viele handliche Geräte für Wandern und Sport mit ansprechenden, klaren Display-Anzeigen. Das neuste ist der Companion, der an den Palm V/x angedockt wird und so die Vorteile des PC und den Karten-Programmen mit dem GPS-Empfänger verbindet (Abb. 62).
Silva, der schwedische Hersteller hat schon lange den elektronischen Kompass und den Höhenmesser integriert. Sehr klares Display, grosse Tasten. Etwas teuer und nur mit Gradeinteilung oder UMT-Gitter.
Als *Zubehör* werden angeboten: Halterungen für die Velolenkstange sowie fürs Auto und Boot. Aussenantennen, Stromkabel fürs Auto, Computerkabel, Kartenmodule usw.

Navigationssystem im Auto

Optische und akustische Zielführung. Auf einem kleinen Bildschirm am Armaturenbrett und – damit unser Blick nicht von der Strasse abgelenkt wird – durch eine Stimme am Lautsprecher bekommen wir laufend Informationen. Vor der Abfahrt geben wir das Ziel in den Bordcomputer ein. Dieser sucht auf einer elektronischen Landkarte im Karten-Programm, das auf CD erhältlich ist, die kürzeste Verbindung zum Ziel. Man kann die Route auf dem Bildschirm jederzeit verfolgen. Die Karte erscheint auf

Wunsch in verschiedenen Massstäben und immer in der Fahrtrichtung des Autos.
Sobald man anfährt, beginnt die Start-Ziel-Führung. Auf dem Bildschirm erscheint ein Richtungspfeil mit einem Distanzbalken, der die nächste Abbiegestelle signalisiert. Rechtzeitig vor dem Einspuren schaltet sich die akustische Zielführung ein. Die Symbole sind grafisch klar mit Ortschafts- und Strassennamen dargestellt, sodass ein kurzer Blick genügt. Fährt man falsch oder trifft andere Entscheidungen, findet der Rechner in Sekundenschnelle eine neue Route zum Soll-Kurs zurück.

Kombiniertes System. Im System arbeiten ausser GPS-Empfänger auch elektronischer Kompass und Radsensoren für das Streckenmass mit, weil auf Strassen in der Stadt der Satellitenempfang schlecht ist. Viel hängt von der Qualität der Landkarten- und Stadtplan-CD ab. Sie werden laufend ergänzt durch Reise, Hotel- und Kulturführer. Auch werden die Verkehrsmeldungen vom Radio direkt ins System eingespiesen und so vom Computer Ausweichmöglichkeiten und Umleitungen ausgewählt.

Universeller Einsatz. Wer viel in unbekanntem Gebiet unterwegs ist, kann sich damit absolut sicher orientieren, Ein grosser Vorteil ist auch, dass die Ankunftszeit hochgerechnet wird und zum voraus bekannt ist.
Im beruflichen Verkehr der Rettungsdienste, Polizei, Transportfirmen usw. ist es schon stark verbreitet, denn es bietet zusätzliche Funktionen, wie z.B. der jederzeit von einer Zentrale aus abrufbare Standort eines Fahrzeuges, Schiffes oder Frachtcontainers.
In der Luftfahrt wird GPS das Radar mehr und mehr ergänzen und, zusammen mit einem Antikollisions-System, die Flugsicherheit beträchtlich erhöhen.
«Leonie» die Kinderpuppe mit eingebautem GPS hält Eltern stets auf dem laufenden, wo sich ihr Kind gerade befindet. (Reklame: «der digitale Schutzengel».)

GPS-Handempfänger im Auto. Für die neuen Empfänger mit elektronischen Karten gibt es auch praktische Halterungen fürs Auto. Diese sollten aber nie dazu verführen, während des Fahrens zu navigieren!

GPS-Zukunft in Europa

Seit der Aufhebung der aus strategischen Gründen künstlichen Verfälschung (Selective Availability, SA) vom US-Verteidigungs-Ministerium im Mai 2000 hat das GPS an Attraktivität gewonnen. Trotzdem gibt es immer noch zu

wenig Frequenzen für den zivilen Anwender. Die Signale sind also nicht vollständig. Auch ist die Versorgung mit Satelliten für die nördlichen Erdgebiete etwas spärlich.
Das bei uns wenig bekannte russische System GLONASS, das nach dem gleichen Prinzip wie GPS arbeitet, hätte da mehr zu bieten. Aber aus Gründen der dauernden ökonomischen Krise Russlands besteht zur Zeit nur geringe Hoffnung, dass es überhaupt je einmal fertig wird. Beide Betreiber in Amerika und Russland sind zudem nicht bereit, Garantien zu geben, dass das System ständig in hoher Qualität zur Verfügung steht.
Das hat die Europäische Union dazu bewogen, selber ein eigenes Navigations-Satellitensystem aufzubauen: GALILEO. Im Gegensatz zu GPS und GLONASS ist GALILEO ein rein ziviles Projekt, das sicherer, genauer und dazu voll verfügbar ist. Es gibt keine verschiedenen Signal-Kanäle, sodass alle Daten in hoher Genauigkeit für alle Anwender zur Verfügung stehen. Zudem ist es mit den existierenden GPS-Empfängern kompatibel. Es soll bis 2008 abgeschlossen sein und in Betrieb gehen.

Der Höhenmesser

Prinzip. Der Höhenmesser ist ein sehr feines Barome
also ein Luftdruckmesser.

Seit den Versuchen des vielseitigen französischen Philoso
und Naturforschers Blaise Pascal ist bekannt, dass das Baro
ter auch als Höhenmesser verwendet werden kann. Pascal
stieg 1648 den Puy-de-Dôme mit einem Quecksilberbaromet
Dabei konnte er beweisen, dass der Luftdruck mit zunehmend
Höhe über Meeresspiegel abnimmt.

Zu Ehren Pascals wird heute die Einheit für den Luftdruck mit *Pascal* benannt.

100 Pascal = 1 Hekto-Pascal, hPa (= 1 Millibar, mbar)

Der Höhenmesser misst den Luftdruck, zeigt aber auf der Skala direkt die daraus ermittelte Höhe über Normal-Null des Meeresspiegels an.

Witterungsabhängigkeit. Der Luftdruck ist ja aber auch von der Witterung abhängig. Daraus ergeben sich bei veränderlichem Wetter Abweichungen von 10–30 m pro hPa. Bei Tendenz zu schönem Wetter (Hochdrucklage) zeigt der Höhenmesser eine geringere, bei Tendenz zu trübem Wetter eine grössere Höhe an als die wirkliche.

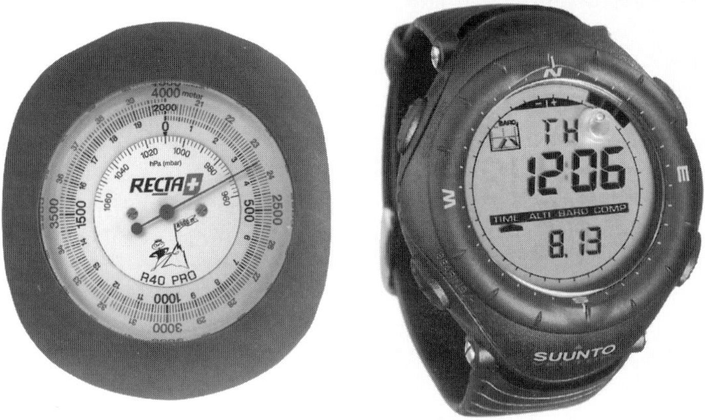

Abb. 67 links: Höhenmesser Recta mit Barometerfunktion für alpinen Einsatz,
Rechts: Suunto Vector, Armband-Höhenmesser mit Barometer, Präzisionskompass und Multifuktions-Uhr und vielen Speicherfuktionen.

Nachstellen. Aus diesem Grunde stellen wir den Höhenmesser so oft als möglich nach. Wir finden Höhenangaben an Bahnhöfen (Schwellenhöhe), Wegweisern der Wanderwege, Berggasthäusern und Hütten. Wir sollten aber im Stundentakt oder nach ungefähr 300 m Höhendifferenz, auf- oder abwärts, nachstellen = «nullen». Finden wir nirgends eine Höhenangabe, können wir auch die Karte zu Hilfe nehmen. Wir wählen dazu einen Standort über den eine Höhenlinie verläuft. Sorgfältig überprüfen wir anhand von Geländemarken unseren Standort. Von der nächsten Zähllinie aus bestimmen wir unsere Höhe. Wir sind uns bewusst, dass der Höhenmesser meist «nur» auf plus-minus 10 m genau anzeigt und bemühen uns deshalb, sorgfältig nachzustellen.

Barometer. Wir können den Höhenmesser auch als Barometer verwenden. Vor allem auf der Hütte am Abend und vor dem Aufstieg dient er als «Wetterprophet».
Beim mechanischen Höhenmesser klopfen wir leicht ans Schutzglas, damit der Zeiger auf die neue Anzeige springt. Beim elektronischen ist dies nicht nötig, weil der Druck über einen Piezosensor gemessen und digital angezeigt wird. Deshalb haben diese Geräte auch Speichermöglichkeiten.

Orientierung nach den Sternen

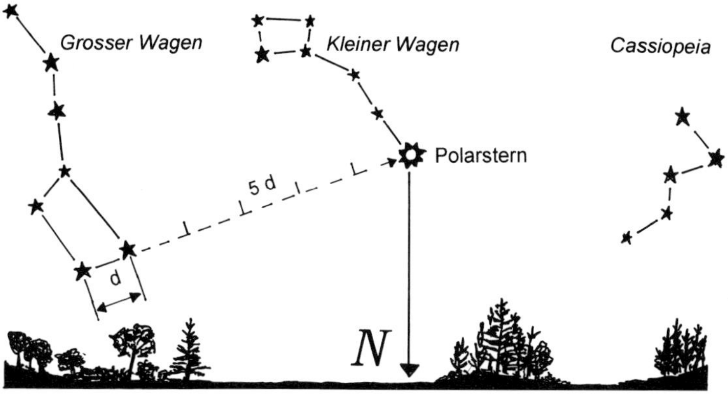

Abb. 68: Nordorientierung nach dem Polarstern. Man findet ihn am besten, wenn man sich am grossen Wagen orientiert und die «Hinterachse» mit den beiden hellen Sternen 5 mal nach oben verlängert. Er ist zugleich das Ende der Deichsel des kleinen Wagens. Gegenüber befindet sich das auffallende «W» der Cassiopeia. Das Lot vom Polarstern ergibt den Nordpunkt am Horizont.

Nachts können wir uns besonders gut nach dem Polarstern orientieren. Aber nicht nur zur Orientierung sollten wir den Nachthimmel beobachten. Das fast allgegenwärtige elektrische Licht und die unreine Luft ermöglichen uns das Erlebnis des Sternhimmels seltener. Um so mehr sollten wir die Gelegenheiten nützen.

Der Polarstern ist leicht zu finden, wenn wir vom gut einprägsamen Bild des grossen Wagens aus gehen. Dieser gehört zu den Zirkumpolarsternen, die sich um den Polarstern drehen und nie untergehen – von der Erde aus gesehen (geozentrisch). Darum sieht man ihn in verschiedenen Stellungen wie der Zeiger einer Uhr.
Wir verlängern optisch die «Hinterwand» des grossen Wagens (d) 5 mal und finden so sicher den hellen Polarstern, der sich ziemlich genau am Himmelsnordpol befindet. Er bildet auch das Ende der Deichsel des kleinen Wagens, das aber aus schwächer leuchtenden Sternen besteht. Besser sichtbar ist das auffallende «W» der Cassiopeia, das sich gegenüber des grossen Wagens befindet. Für den Wagen wird auch von altersher der Name Bär gebraucht. Davon kommt «Arktis»; arktos heisst griechisch Bär. Antarktis heisst demzufolge Gegen-Norden.
Wenn wir sicher sein wollen, dass es der Polarstern ist,

können wir den Höhenwinkel überprüfen. Der Polarstern steht z.B. in Basel 47° über dem flachen Horizont. Darum liegt dieser Ort ja auf dem 47. Breitengrad. Entsprechend trifft das für alle anderen Orte zu. Der Pol liegt auf 90° Breite, weil der Polarstern genau im Zenith, also 90° zur Erdoberfläche steht. Da unsere Hand bei ausgestrecktem Arm etwa 10° abdeckt, prüfen wir, indem wir unsere Hände wechselweise vom Horizont aus fünf mal übereinander legen.

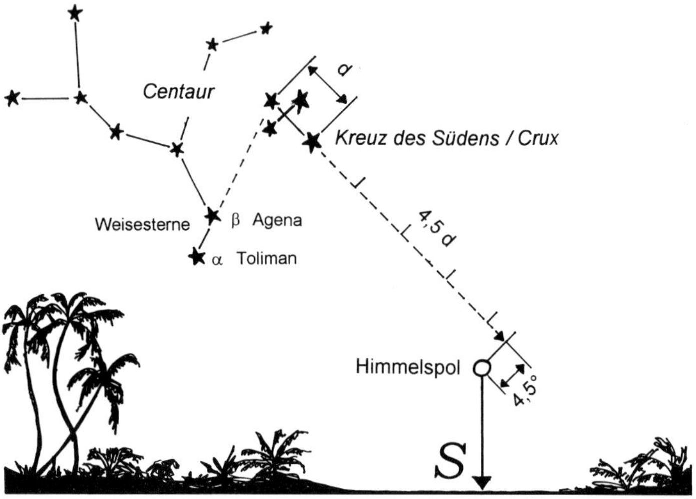

Abb. 69: Südorientierung nach dem Kreuz des Südens. Da im Südpolgebiet kein deutlicher Stern zu finden ist, müssen wir die längere Kreuzachse 4,5 mal nach unten verlängern und von dort aus 4,5° (drei Finger bei ausgestrecktem Arm) nach links. Dort befindet sich der Himmels-Südpol. Das Lot auf den Horizont ergibt – nicht ganz genau – den Südpunkt.

Kreuz des Südens. Anders als im Norden ist im Südpolargebiet kein deutlich auffallender Stern zu finden. Deshalb müssen wir eine nicht ganz einfache geometrische Zuordnung anwenden. Wie die ersten Entdecker gehen wir vom charakteristischen Kreuz des Südens (Crux) aus und finden so den südlichen Himmelspol. Obwohl das Kreuz kleiner ist als der Wagen im Norden, finden wir es gut, wenn wir von den zwei hellen Weisesternen des Centaur ausgehen. Dann gehen wir vor wie oben beschrieben.
Wie beim Himmels-Nordpol gilt auch hier: Höhe des Pols in Grad über dem Horizont = geografische Breite.

Der Orientierungslauf, OL

Geländelauf mit Köpfchen

Was ist Orientierungslauf, OL. Der OL ist ein Wettlauf im Gelände, bei dem mit Hilfe von Karte und Kompass Kontrollpunkte (Posten) auf dem schnellsten Wege und in vorgeschriebener Reihenfolge angelaufen werden. Diese Posten sind mit Postenflaggen markiert. Ihre Standorte werden auf einer speziellen OL-Karte eingetragen.
Der OL ist ein Sport, der nicht nur Ausdauer und Kraft, sondern auch «Köpfchen» erfordert. Zudem bietet er die schönste Arena, die es gibt: die offene Natur. *Ein harmonischer Sport in einer gesunden Umgebung.*
1897 fand der erste OL in Norwegen statt, 1933 der erste in Zürich. Seither erfreut sich der OL ständig zunehmender Beliebtheit. Er ist für alle Altersgruppen ab ca. 10 Jahren geeignet. Die Anforderungen können jeder Leistungskategorie angepasst werden. Jede Jahreszeit ist zur Durchführung eines OL geeignet und bietet auch besondere Varianten, z. B. im Winter mit Ski. Vom März bis November organisieren viele örtliche OL-Vereine Läufe.

Ein harmonischer Sport. Der OL ist ein Freizeit- und Leistungssport, der neben einem gesunden Geländelauf auch das ebenso wichtige Training des Geistes bietet. Klares Beobachten, Denken, schnelle Reaktion und Entschlussfähigkeit sind ebenso gefragt wie sportliche Kondition. Auf junge Menschen hat er eine sehr positive Wirkung.

Das A und O des OL

Sicherer Umgang mit Karte und Kompass wird für diesen Sport vorausgesetzt. Das ist das A und O.

Kondition. Das O bedeutet Orientieren, das L Lauf-Kondition. Ein weiterer Faktor ist die psychische Belastbarkeit. Wie geht man z. B. um mit den eigenen Gefühlen oder der Nervosität, wenn man erkennt, dass man sich verlaufen hat oder andere einem nachlaufen? Das verpönte «Tramfahren» kommt leider immer wieder vor. Emotionen haben immer auch eine Wirkung auf unsere Leistungsfähigkeit. Diese Wirkung kann durchaus positiv sein; aber nur wenn wir imstande sind, sie zu steuern. Und auch dies will gelernt sein – im mentalen Training, im bewussten Üben, mit den Gefühlen umzugehen.

Wider den tierischen Ernst. Der Orientierungslauf darf nicht als eine tierisch ernste Sache mit Leistungsdruck und Erfolgszwängen angesehen werden. Es gibt keine Preise! Schon das Mitmachen ist mehr wert als irgendein Preis. Und wenn man beim Lauf wieder neue Erfahrungen sammeln konnte, ist das schon ein grosser Erfolg.
OL ist ein Sport, der die heute so notwendigen sozialen Fähigkeiten bildet und fördert. Es ist z. B. nicht verboten, einem Kind oder gar einer erwachsenen Person den Standort zu zeigen, wenn sie die Orientierung verloren hat. Wertvolle Erfahrungen bietet auch der Familien-OL. Immer und überall aber dürfen Freude und Heiterkeit mitlaufen!

Die OL-Karte

Zuerst fällt die ungewohnte Farbgebung auf. Die vielen gelben Flächen bedeuten freies Feld. Der Wald ist aber weiss gelassen, damit man die Einzelheiten darin besser erkennen kann. Drei verschieden starke Grüntöne markieren drei Vegetationszonen: der hellste Ton zeigt lichtes Gebüsch an, während der dunkelste Ton undurchdringliches Dickicht verheisst. An diese besondere Farbgebung muss man sich erst gewöhnen. Aber in der Praxis lernt man sie bald einmal schätzen.
Wir können auch schon auf den ersten Blick viel mehr Einzelheiten erkennen. Wir haben also eine Spezialkarte vor uns, die für den OL gezeichnet worden ist, und nicht eine Mehrzweckkarte wie z. B. die topografische Karte. Auch der Massstab ist auffallend grösser. Gebräuchlich sind 1:15'000, 1:10'000 und für Übungszwecke manchmal sogar 1:5000. Auf dieser Karte sind viel mehr Details eingezeichnet, und diese sind genau und sehr differenziert dargestellt. Bei der gewöhnlichen Karte sind viele Einzelheiten generalisiert. Ein Gebäudekomplex wird einfacher wiedergegeben, eine Gruppe von Bäumen wird als Wäldchen zusammengefasst, oft sind nur die viel gebrauchten Wege, z. B. Forst- und Wanderwege eingezeichnet. In der OL-Karte sind aber alle noch so kleinen Weglein eingetragen sowie kleine Kuppen und Senken, Steingruppen, Felsblöcke, Wurzelstöcke usw.
Was aber fehlt, ist die Schummerung des Reliefs. Nur die Höhenlinien zeigen die Geländeform. Das verlangt von uns genaues Kartenstudium, erleichtert aber anderseits das objektive Erfassen der Geländeformen.

Ausserdem sind alle Angaben auf der OL-Karte in der Regel auf dem aktuellen Stand des Laufdatums. Trotzdem muss man das Datum beachten, denn schon nach wenigen Jahren kann sich der Wald stark verändert haben. Alle Läuferinnen und Läufer bekommen die gleiche Karte, sodass auch alle die gleichen Voraussetzungen haben. Andere Karten und Hilfsmittel sind nicht erlaubt.
Eine farbige OL-Karte ist auf der hinteren inneren Umschlagseite abgedruckt

Kartenlese-Technik im OL

Halten von Karte und Kompass. Für den OL will die etwas abweichende Handhabung von Karte und Kompass gelernt sein. Wir falten die Karte möglichst klein und hand-

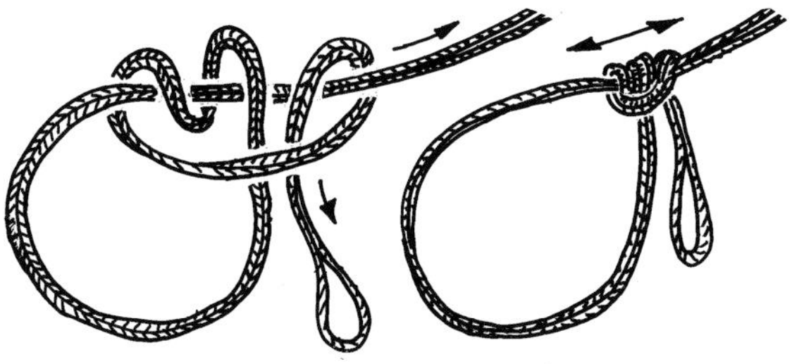

Abb. 70: Praktischer Knoten für die Kompassschnur am Handgelenk. Der Knoten kann verstellt werden; er reagiert aber nicht auf Zug.

lich zusammen. Manche nehmen sie so in die Hand, dass der Daumennagel auf den jeweiligen Standort zeigt (Daumengriff). Wir schlaufen den Kompass mit seiner Schnur fest ums Handgelenk, damit er nicht verloren geht. Der kurze Rotstift hängt an einer Schnur um den Hals, wenn er nicht, worauf einige schwören, mit Klebeband an den Zeigfinger gebunden wird.

Karte einordnen. Beim Lesen halten wir die Karte immer nordorientiert. Wir «norden» die Karte mit dem Kompass. Sie muss lagerichtig in Blick und Laufrichtung vor unseren Augen sein, damit wir Gelände und Karte in Übereinstimmung sehen können. Erfahrene ordnen die Karte auch nach dem Gelände ein, nach markanten, gut erkennbaren Geländelinien oder -marken. Doch jeder noch so kurze Kontrollblick auf den Kompass lohnt sich immer!

Groborientierung – Feinorientierung. Gleich wie beim Wandern findet nun ein dauerndes Wechselspiel unseres Blickes von Karte zu Landschaft und umgekehrt statt – nur geht jetzt alles viel schneller. Ohne dauerndes Vergleichen können wir unversehens vom Kurs abkommen. Wir kennen die Richtung des Postens und seine ungefähre Entfernung. Wir laufen also nach einer Groborientierung. Oft folgen wir streckenweise einer Leitlinie.
Manchmal kommen wir relativ gut zum Postenraum; der Posten selbst ist damit aber noch nicht gefunden. Gebüsch, kleine Mulden, Felsbrocken oder ein Baumstrunk können die direkte Einsicht von der Laufrichtung her verdecken. Aufwendiges Suchen können wir uns aber aus Zeitgründen nicht leisten. Jetzt beginnt die *Feinorientierung.* Da müssen wir schon sehr genau beobachten und uns mittels kleinerer Objekte sicher zum Posten «einlesen». Die Postenbeschreibung auf einem separaten Blatt hilft uns jetzt vor Ort bei der Feinorientierung.

Auffanglinie. Im OL arbeiten wir vermehrt mit Auffanglinien im Postenbereich. Haben wir eine solche erreicht, so wissen wir zumindest, dass wir distanzmässig dem Posten nahe sind. Nur, was machen wir, wenn wir – was immer wieder vorkommt – nicht direkt auf den Posten stossen? Bei längeren Kompassstrecken ohne genügend Anhaltspunkte lohnt es sich, absichtlich zu weit nach rechts oder nach links zu laufen. Wir müssen dann den Posten nur in der jeweils anderen Richtung suchen.

Am Posten vergessen wir nicht, unsere Karte zu lochen. Sofort gehen wir ein Stück vom Posten weg, um nicht andere Läufer darauf hinzuweisen. Vor dem Weiterlaufen visieren wir die neue Richtung zum nächsten Posten an und entscheiden uns für unsere Route. Mit unseren Gedanken schauen wir also stets voraus; dadurch laufen wir überlegt und bewusst.

Verfranzt? Dieser lustige Ausdruck stammt aus der Pionierzeit des Motorflugs:

Im damaligen offenen Zweisitzer sass hinter dem Pilot, der in der Funksprache üblicherweise «Emil» hiess, der Navigator, der «Franz» genannt wurde. Beim Sichtflug nach der Karte passierte dem Navigator hin und wieder das, was auch im Orientierungslauf oft vorkommt, er verlor die Orientierung. Diese heikle Situation nannte man deshalb «verfranzt». Trotz der besseren Übersicht aus der Luft dürfte eine Standortsuche am Boden weniger aufregend sein.

Passiert uns also ein Fehler und entdecken wir plötzlich, dass unsere Umgebung nicht mehr mit dem Kartenbild übereinstimmt, dann versuchen wir erst einmal klar und ruhig, den soeben durchlaufenen Streckenabschnitt zu rekonstruieren. Haben ganz ähnliche Verhältnisse geherrscht, so sind wir offenbar einem *Parallelfehler* verfallen. Zuerst ordnen wir mit dem Kompass die Karte neu ein und versuchen, anhand von Geländemerkmalen unseren Standort zu bestimmen. Ist das nicht möglich, gehen wir die zuletzt gelaufene Strecke so weit zurück, bis wir uns wieder auffangen können. Karte und Gelände stimmen wieder überein, und wir wissen, wo wir sind. Viele entwickeln mit der Zeit geradezu einen Riecher, mit dem sie sich auch gefühlsmässig rasch wieder zurecht finden. Es gibt eben auch noch einen «inneren Kompass», der manchmal gar nicht schlecht arbeitet!

Blick auf Karte. Wie oft sollen wir auf die Karte schauen? Geübte lesen die Karte im Laufen und haben sie gerade bei kniffligen Passagen ständig im Auge. Aber das ist individuell verschieden. Wir dürfen einfach den Kontakt nicht verlieren, weder zur Karte noch zum Gelände. Beobachten wir lebhaft, was in der Nähe oder weiter weg zu sehen ist. Karte und Kompass sind dazu Hilfsmittel, die wir souverän einsetzen können zum Anlaufen der Posten. Zwei allgemein gebräuchliche Techniken erlauben uns den kombinierten Einsatz dieser Mittel:

Kompass auf Karte. Wir legen die *Zielkante* des Kompasses an Ausgangs- und Zielpunkt auf der Karte an. Wir halten den Kompass so auf der Karte, dass er nicht verrutscht. Dann drehen wir uns auf dem Absatz, bis die Magnetnadel auf die Nordmarken zeigt. Jetzt weisen Zielkante und Richtungspfeil unseres Kompasses in die Laufrichtung. Wir visieren mit der Kompasskante auf Gurthöhe ein Wegpunkt in mittlerer Entfernung an und laufen in diese Richtung. Bald fassen wir den nächsten Wegpunkt ins Visier und laufen zügig nach dem Kompass auf der Karte. Müssen wir Büsche umgehen, fassen wir ein Objekt dahinter als Teilziel ins Auge. Bei unübersichtlichen Umgehungen können wir uns der Umgehungsmarken bedienen, aber nur, wenn wir uns darin schon gut geübt haben. *Kompass auf Karte* ist eine recht sichere und zuverlässige Methode.

Kompass ohne Karte. Wir legen wieder die Zielkante des Kompasses an Ausgangs- und Zielpunkt an. Nun drehen wir die Dose, bis die Nord-Süd-Linien der Dose und jene der Karte parallel laufen. Die Nordmarke der Dose zeigt jetzt nach Kartennord. Damit ist die Laufrichtung auf den Kompass übertragen, und dieser kann uns jetzt dauernd – auch ohne Karte – die Richtung weisen. Diese Methode eignet sich vorzugsweise für weite Strecken in einfacherem Gelände.

Distanzen einschätzen ist gerade im OL sehr wichtig. Wir sollten in jedem Gelände und vor allem auch bei verschiedenen Ermüdungszuständen ein sicheres Gefühl für Distanzen entwickeln. Vorab müssen wir die Kartendistanz auch bei verschiedenen Kartenmassstäben einigermassen richtig ins Gelände übertragen können. Wenn wir immer auch auf die Distanzen achten, bekommen wir eine Sicherheit, die verhindert, dass wir zu früh den Posten zu suchen beginnen oder etwa übers Ziel hinauslaufen.

Schritte zählen. Um unser durchschnittliches Schrittmass zu kennen, müssen wir einmal eine möglichst ebene *Eichstrecke* von 500 m wählen (auf der Karte überprüfen). Wir laufen die Strecke in einem regelmässigen Tempo ab und zählen dabei die Doppelschritte. Teilen wir die Zahl durch 5, so haben wir unser durchschnittliches Schrittmass auf 100 m. Auch für mittlere Steigungen und Gefälle sollte man sein Schrittmass kennen. Starke Abweichungen vom Normalmass ergeben sich aber auch auf unterschiedlichen Böden wie Waldböden oder Hartbelagwegen.

Distanzblick. Durch mehrfaches Üben können wir uns einen «Distanzblick» erwerben, indem wir immer wieder – auch bei verschiedener Beleuchtung und Lichteinstrahlung – die für OL geeignete Distanz von 50 Metern schätzen und dann anhand der Karte unsere Schätzung überprüfen. Nach einigem Üben werden wir überrascht feststellen, dass wir ein ziemlich genaues «Distanzauge» erhalten haben, das uns beim Orientieren im Gelände sehr gute Dienste leistet.

Geländeformen. Die Niveauunterschiede und Geländeformen entnehmen wir bei der OL-Karte den Höhenlinien. Bei einem grösseren Massstab ist auch die Äquidistanz kleiner, z. B. bei 1:15'000 beträgt sie 5 m. Wir können uns aus den Höhenkurven der OL-Karte die Geländeplastik ganz gut vorstellen. Zudem sind Senken mit nach innen gerichteten Pfeilen dargestellt. Die Orientierung im kupierten Gelände ist schwieriger als im ebenen.

Die Wahl der besten Route. In der Regel ist die Route zwischen den einzelnen Posten freigestellt. Ausnahmen: Landschaftsschutz, gefährliche Regionen oder Kulturland, das nicht betreten werden darf. Wir müssen uns also entscheiden für eine bestimmte Route. Die kürzeste ist nicht immer die schnellste! Aber auch dies ist individuell.

Es gibt Läuferinnen und Läufer, die stark am Berg sind und auch Gefälle mögen, während andere lieber einen kleinen Umweg in Kauf nehmen, damit sie nicht steigen müssen. Eine gute OL-Bahn ist so gelegt, dass sie zwischen den Posten mehrere Varianten offenlässt. Dann haben auch die später Startenden gute Möglichkeiten, ihren Weg kreativ auszuwählen und müssen sich nicht auf ausgetrampelten Weglein von Posten zu Posten leiten lassen.

Der Ablauf eines OL

Wenn wir uns nun schon sicher mit Karte und Kompass abseits von Wegen bewegen und auf unsere Orientierungsfähigkeit vertrauen können, können wir auch den Wettkampf wagen. Wir melden uns beim

Besammlungsort. In der Nähe des OL-Geländes ist der Besammlungsort, mit «B» bezeichnet. Dort sind der Meldetisch und die Garderoben. Die Wahl der richtigen Kategorie ist sehr wichtig. Jemand kann uns beraten, wenn wir unsicher sind. Wir bekommen die Startzeit zugewiesen und erhalten die *OL-Karte* und die *Postenbeschreibungen*. Dieser Zettel gibt uns wichtige Informationen: Länge der Bahn, Anzahl und jeweilige Kennziffern der Posten, ihre genauer beschriebenen Standorte sowie ev. Pflichtstrecken (z.B. wegen Landschaftsschutz). Wir finden darauf auch die Länge des meist ausgeflaggten Zieleinlaufs. Bei nationalen OL erhalten wir eine Kontrollkarte, die mit der jeweils am Posten befindlichen speziellen Zange gelocht wird. Auf der

***Püst** = Postenübertragungsstelle*, die sich zwischen Vorstart und Start befindet, übertragen wir nun von einer

Postenbeschreibung:

1o3	Brunnstube	129	Nordecke Dickicht	164	Loch
111	Wurzelstock	13o	WS	165	Loch
117	westl. Dickichtecke	131	östl. Ecke Aufforstung	166	Loch
12o	Loch	132	Erdhügel	19o	Grenzstein
121	Loch	134	kl. Ebene in Lichtung	21o	WS neben Loch
123	2 WS	135	WS südl. Dickicht	222	Fuchsbau
124	Zwischen 2 WS	141	Grenzstein	223	Weggabelung
127	Dickicht	142	südl. Dickicht im Graben		
128	östl Ecke Aufforstung	154	Kl. Lichtung		

Abb. 71: Die Postenbeschreibungen sind sehr wichtig für die Feinorientierung im Postenraum.

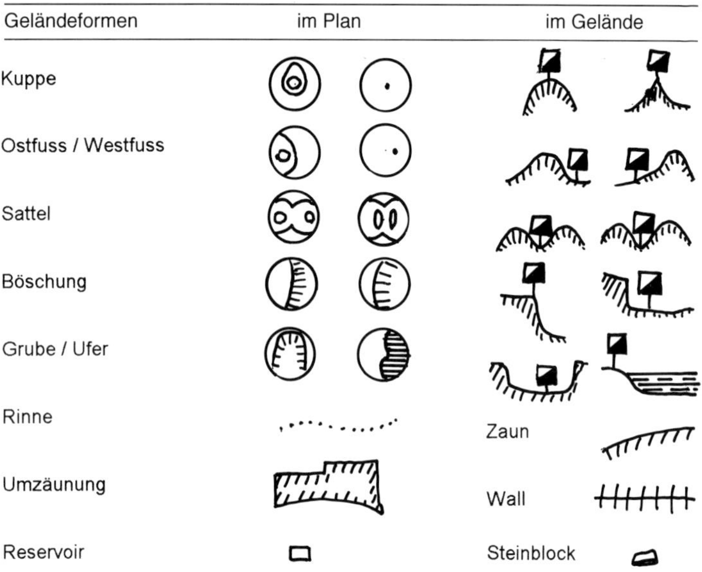

Abb. 72: Bezeichnung von Geländeobjekten in Karte und Postenbeschreibung.

angeschlagenen Musterkarte den Start, die Postenstandorte mit den Nummern und das Ziel mit einem wasserfesten Stift auf unsere OL-Karte. Der Start wird mit einem Dreieck, das Ziel mit einem Doppelkreis bezeichnet. Die Posten befinden sich im – nicht markierten – Zentrum kleiner Kreise. Diese Kreise müssen wir nun äusserst sorgfältig auf unsere Karte übertragen. In einigen Plattenkompassen gibt es eine Kreisschablone, die dazu sehr hilfreich ist. Wir verbinden die Posten miteinander durch Linien. Wie rasch wir die Posten finden, hängt wesentlich davon ab, wie genau wir an der Püst arbeiten.

Wir merken uns auch die Zeit des *Zielschlusses*; bis dann müssen wir uns in jedem Fall zurückmelden. Andernfalls wird der Veranstalter eine Suchaktion einleiten! Kindern sollte man eine Trillerpfeife mitgeben, damit sie sich, wenn nötig, bemerkbar machen können. In England ist die Trillerpfeife sogar für alle vorgeschrieben.

Vorausdenken. Bereits jetzt beginnt unsere Denkarbeit. Solange der Puls noch normal schlägt, können wir besser denken als in der Hitze des Gefechtes. Wir betrachten die Karte und bilden uns dabei erste Vorstellungen des Geländes im Überblick. Dann merken wir uns die Beschreibung des ersten Postens, bestimmen Richtung und Distanz, betrachten auf der Karte die Geländeformen und wählen wenn immer möglich eine Leitlinie (Weg, Waldrand usw.), der wir folgen können. Damit haben wir uns bereits für

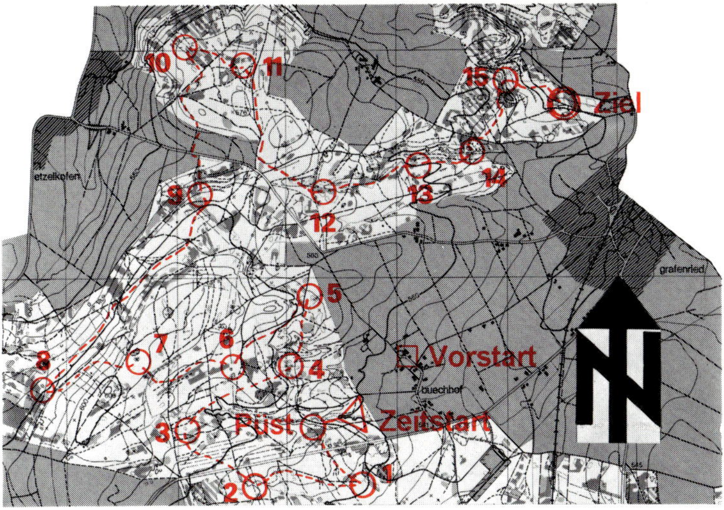

Abb. 73: OL-Karte mit den eingezeichneten Start, Püst, Posten und dem Ziel.

eine Route entschieden. Evtl. hilft uns dann eine Auffanglinie (quer zur Leitlinie), rechtzeitig den Postenraum zu erkennen.

Am Start. Mit Karte, Postenbeschreibung, Kompass und Rotstift absolvieren wir ein kleines Einlaufen bis zum Start. Nun warten wir bis wir aufgerufen werden. Und dann: 5 – 4 – 3 – 2 – 1 – los …
Haben wir gut geübt und auch das, was im Folgenden beschrieben ist, beherzigt, werden wir einen erfreulichen und spannenden Lauf haben, auch wenn wir nicht unter den ersten sind.

Trainieren für den OL

Das Lauftraining ist gleich wie für den Geländelauf. Es umfasst ein Ausdauertraining, bei welchem die Leistungsfähigkeit allmählich aufgebaut wird. Wir üben an Steigungen den Sprunglauf, auf ebenen Strecken traben wir mit kurzen Sprints dazwischen, bei Gefällen üben wir einen zügigen Lauf. Dabei achten wir darauf, dass wir auf verschiedenen Böden trainieren, nicht nur auf Wegen. Kurze Strecken auf dem Geröll eines ausgetrockneten Flussbetts oder eine glitschige Waldschneise gewöhnen die Gelenke an Bedingungen wie sie beim OL immer wieder vorkommen.

Die Trainingsstrecke soll Steigungen, Gefälle und ebene Strecken aufweisen, damit wir lernen, unseren Laufstil jeweils dem Gelände anzupassen.
Da ein OL bei jedem Wetter durchgeführt wird, dürfen wir auch im Training nicht zimperlich sein. Im Grunde eignet sich jedes Gelände fürs Training. Zu empfehlen sind aber auch die Fitness-Parcours mit ihren vielfältigen leichtathletischen und gymnastischen Möglichkeiten. Ob wir nun gezielt und nach Plan trainieren oder einfach unsere Freude an der Bewegung ausleben, spielt keine so grosse Rolle. Nur sollten wir nicht völlig untrainiert an einem Wettkampf teilnehmen.

Das Kartentraining. Auch der Umgang mit Karte und Kompass muss trainiert werden. Lernen und Befolgen einer Anleitung sind zwar der erste Schritt. Doch dieser allein reicht noch nicht. Ein gutes Training ist, sich mit einer OL-Karte, die man für irgend ein Trainingsgebiet finden kann, selber im Gelände Aufgaben zu stellen oder einfach nach dieser Karte zu laufen. Viele Möglichkeiten bieten die örtlichen OL-Vereine an. An gemeinsamen Übungen und Spielformen, an Stern- oder Scoreläufen teilzunehmen, bringt sowieso mehr Freude, auch durch das gemeinsame Trainieren.

Anschaffungen

Kleidung und Schuhe. Lange OL-Hosen schützen unsere Beine im Dornengestrüpp. Ein luftdurchlässiges Oberteil eignet sich in jedem Fall. Gegen starken Regen helfen leichte, atmungsaktive Regenjacke und -hosen. OL-Schuhe haben eine griffige Sohle mit Profil oder Stollen. «Richtig» ist, was für uns praktisch und angemessen ist.

Kompass. Am besten eignen sich die einfachen Plattenkompasse (s. dort). Die durchsichtige Kunststoffplatte enthält eine drehbare, ebenfalls transparente Kompassdose, eine Lupe sowie Massstäbe an den Kanten und einen Richtungspfeil. Manche haben auch eine Kreisschablone für das genaue Einzeichnen des Postens auf der Karte.
Praktisch sind auch die Daumenkompasse, die man mittels einer Schlinge am Daumen trägt. Ein Spiegelkompass ist nicht nötig.
Im grossen Ganzen braucht es für den OL nicht grosse Investitionen. OL ist ein «anspruchsloser» Sport. Doch gibt es einzelne sehr teure Geräte, wie z. B. Halogen-Stirnlampen, welche heute bei einem Nachtlauf schon fast unentbehrlich sind.

Abb. 74: Das ersehnte Ziel ist erreicht.

Wie wird die Bahn gelegt?

Anforderungsprofil und Bahn. Je nach Kategorie ist die Bahn nach Länge, Steigungen und Geländeschwierigkeiten verschieden zu legen. Die Länge der Bahn beträgt für Kinder etwa 3 Lkm (Leistungskilometer), für Erwachsene 8–10 Lkm mit einer totalen Steigung von ca. 300 m. Beim sogenannten Leistungskilometer wird auch die Steigung eingerechnet und zwar pro 100 m Steigung 1 Lkm. Also eine Bahnlänge von 5 km mit 200 m Steigung misst 7 Leistungskilometer. Die Teilstrecken sollten nicht alle gleich lang sein, sondern variieren zwischen 200 und 800 m. Eine gute Faustregel ist: Der Läufer sollte im Durchschnitt alle 5 Minuten zu einem Posten kommen. Zwei aufeinanderfolgende Teilstrecken sollten nie in einem spitzen Winkel zueinander verlaufen, sonst sehen die ankommenden die abgehenden LäuferInnen.

Lage der Posten. Der Schwierigkeitsgrad einer Bahn hängt aber auch davon ab, ob die Posten leicht aufzufinden sind oder nicht. Bei einer leichten Bahn sind sie an markanten Geländepunkten oder Auffanglinien aufgestellt. Bei schwierigerer Bahn befinden sie sich an weniger gut erkennbaren Orten, z. B. auch in Mulden.
Verstecken darf man die Posten aber nicht! Sie sollen stets so gestellt werden, dass sie oder allenfalls das Postenobjekt gut sichtbar sind. *Nicht das lange Suchen eines*

Postens, sondern dass man den schnellsten Weg dorthin findet, soll die Herausforderung sein.
Für Schüler- oder Plausch-OL kann man auch Posten mit Personen besetzen, wo es bestimmte Aufgaben zu lösen oder lustige Einlagen gibt. Eine Auflockerung und Laufpause ist sehr willkommen. Da es bei solchen Posten gerne zu Staus kommt, muss die Zeit der Ankunft und die des neuerlichen Starts aufgeschrieben werden.
Wir achten auch darauf, dass Wald und Kulturland respektiert und geschont werden. Besonders gefährdet sind Vögel und andere Tiere in Feuchtgebieten und an Waldrändern. Die Organisatoren und Bahnleger sollten ihre grosse Verantwortung gegenüber der Natur wahrnehmen und entsprechende Vorkehrungen treffen.
Gefährliche Zonen mit Felsen und Gräben müssen umgangen, nötigenfalls mit Folienband eingezäunt werden. Bei Teilstücken mit Strassenverkehr muss ausreichend für die Sicherheit der Läufer gesorgt werden, evtl. mit Signalisation oder sogar durch Polizeiorgane. Dies gilt vor allem auch für den an sich sehr reizvollen Nacht-OL.

Schlusswort. Wir überlassen es einem Dichter, der wie kaum ein anderer die Natur aufgesucht, durchwandert und beobachtet hat, J.W. Goethe. Nicht nur in zahlreichen Gedichten, sondern auch in ausführlichen Abhandlungen hat er Naturphänomene geschildert, etwa über Botanik, Geologie usw. Er gilt auch als Begründer des modernen Tourismus. Auf seiner Italienreise 1786–88 hat er sich einmal beim Postillion beklagt, dass der Wagen zu schnell fahre und er bei dem rasanten Tempo der Pferde die Landschaft zu wenig geniessen könne!
Nehmen wir dies im Vergleich zur heutigen Hast als gutgemeinte Mahnung und das kleine Lied als Anregung für unsere weitere Wanderschaft:

Bleibet nicht am Boden heften,
frisch gewagt und frisch hinaus!
Kopf und Arm mit heitern Kräften,
überall sind sie zu Haus.

Wo wir uns der Sonne freuen,
sind wir jede Sorge los:
dass wir uns in ihr zerstreuen,
darum ist die Welt so gross.

GOETHE

Register

3. Umschlagseite:

Abb. 75: Die Österreichische Karte 1:50'000, Bundesamt für Eich- und Vermessungswesen, Wien: Ausschnitt aus dem Blatt 204 Völkermarkt.

Abb. 76: OL-Karte «Attisholzwald» der OL-Gruppe Solothurn CH (verkleinert auf 46%). Die Deklination ist bei den senkrechten Linien berücksichtigt.